Persista e Não Desista

Agarrando-se à esperança quando a vida está desmoronando

Título original: *Holding on when you want to let go*

Copyright © 2021 Sheila Walsh.
Edição original por Baker Books. Todos os direitos reservados.
Copyright de tradução © Vida Melhor Editora LTDA., 2022.
Foto de capa por Colter Olmstead em Unsplash.

Todos os direitos desta publicação são reservados por Vida Melhor Editora LTDA.
As citações bíblicas são da Nova Versão Internacional (NVI), da Bíblia, Inc., a menos que seja especificada outra versão da Bíblia Sagrada.

Os pontos de vista desta obra são de responsabilidade de seus autores, não refletindo necessariamente a posição da Thomas Nelson Brasil, da HarperCollins Christian Publishing ou de sua equipe editorial.

Publisher	*Samuel Coto*
Editora	*Brunna Castanheira Prado*
Produção editorial	*Beatriz Lopes*
Assistente editorial	*Laís Chagas*
Estagiária editorial	*Camila Reis*
Tradução	*Markus Hediger*
Preparação de texto	*Eliana Moura Mattos*
Revisão	*Bruna Gomes e Daniela Vilarinho*
Projeto gráfico e capa	*Gabê Almeida*
Diagramação	*Alfredo Rodrigues*

Catalogação na Publicação (CIP)
(BENITEZ Catalogação Ass. Editorial, MS, Brasil)

W19p   Walsh, Sheila
1.ed.   Persista e não desista: agarrando-se à esperança quando a vida está desmoronando / Sheila Walsh; tradução Markus Hediger. – 1.ed. – Rio de Janeiro: Thomas Nelson Brasil, 2022.
             208 p.; 15,5 x 23 cm.

             Título original: Holding on when you want to let go: clinging to hope when life is falling.
             ISBN: 978-65-56893-25-9

             1. Confiança em Deus – Cristianismo. 2. Esperança – Aspectos religiosos – Cristianismo. 3. Milagres. 4. Providência e governo de Deus – Cristianismo. I. Walsh, Sheila. II. Hediger, Markus Andre. III. Título.

06-2022/13   CDD 234.25

Índice para catálogo sistemático:
1. Esperança: Aspectos religiosos: Cristianismo   234.25
Bibliotecária: Aline Graziele Benitez CRB-1/3129

Thomas Nelson Brasil é uma marca licenciada à Vida Melhor Editora, LTDA.
Todos os direitos reservados à Vida Melhor Editora LTDA.
Rua da Quitanda, 86, sala 218 — Centro
Rio de Janeiro — RJ — CEP 20091-005
Tel.: (21) 3175-1030
www.thomasnelson.com.br

Sheila Walsh

Persista e Não Desista

Agarrando-se à esperança quando a vida está desmoronando

Sumário

07 Introdução

12 Persista quando a vida parece estar fora de controle

28 Persista quando você se sente só

46 Persista quando Deus se cala

66 Persista quando você está com medo

84 Persista quando você comete um deslize

104 Amparadas pelas promessas de Deus

126 Amparadas pelo Deus que resgata

142 Amparadas pelo Deus dos milagres

160 Amparadas por aquele que mudou tudo

178 Solte! Você está sendo amparada

199 Conclusão

203 Agradecimentos

Introdução

Tudo começou com um artigo em uma revista e uma pergunta: "Você consegue contar a sua história em seis palavras?". Parecia impossível, mas eu estava em um voo de três horas, então pensei: *Por que não?*

escocesa
esposa
mãe
desajeitada
cachorros
Jesus

Olhei para as palavras na página. Tudo o que eu consegui escrever é que eu era uma esposa e mãe escocesa que tropeça em seus cães e ama Jesus. Dificilmente aquilo era uma autobiografia.

Fui um pouco mais fundo. Por onde começo? Como consigo reunir a dor, a desilusão, a alegria, as perguntas e expressar tudo isso em seis palavras? Impossível. Larguei a caneta e olhei pela janela para as nuvens espessas. Relembrando os anos da minha vida, se eu fosse brutalmente honesta comigo mesma, seria obrigada a confessar que a minha vida não tinha corrido como eu esperava.

Aos 21, ou até mesmo aos 31 anos, a vida parecia bastante simples, uma linha reta e simples. Eu achava que tinha as respostas certas para a maioria das coisas que a vida pode jogar no nosso caminho. Mas, de alguma forma, essas respostas fáceis, que tinham funcionado tão bem quando eu era mais nova, foram parecendo mais vazias e ocas com o passar dos anos e, em vez de linhas retas, o que eu via eram círculos que me levavam sempre de novo para o mesmo lugar, exigindo respostas mais autênticas.

Pensei em como eu tinha imaginado a minha vida "perfeita" quando ainda era jovem e ingênua.

> Eu seria uma mulher de um metro e setenta de altura.
> Teria cabelo loiro comprido.
> Teria pele lisa.
> Teria graciosidade.
> Eu seria a garota popular, talentosa e atlética da escola.
> Teria o tipo de sorriso que brilhava e atraía as pessoas.

Em vez disso,

> Tenho um metro e sessenta (e diminuindo).
> Tenho mais cabelo grisalho do que loiro.
> Aplico o corretivo com uma colher de pedreiro.
> Tropeço e caio na maioria dos dias.
> Fui escolhida por último em toda atividade atlética que existe.
> Meu sorriso parece o riso de um cavalo.

Claramente não sou o que eu esperava ser.

Tenho certeza de que todo mundo tem uma lista boba assim, mas não são essas as coisas decepcionantes que moldam as nossas vidas. Há momentos e acontecimentos que não previmos e para os quais não estamos preparados.

E quanto a você? Quando pensa em sua história, está vivendo a vida que imaginou? Em certos dias, quando você tem tempo para respirar fundo, talvez mal se reconheça no espelho e se pergunte: *O que aconteceu?* Quando a vida dá voltas inesperadas, é fácil sentir-se como se tudo estivesse fora de controle; você se sente sozinho, assustado.

Quando Deus parece não responder, você se pergunta se estragou tudo? Ou talvez seja mais aquela sensação enfurecedora que você tem após passar horas montando um quebra-cabeças apenas para descobrir que faltam algumas peças. Você procura embaixo dos tapetes, na boca do cachorro. Ameaça a sua família inteira dizendo que não haverá

INTRODUÇÃO

comida por uma semana se eles estiverem escondendo as peças, mas elas desapareceram.

No entanto, estou descobrindo que as peças que faltam nas nossas vidas não desapareceram para sempre. Elas reaparecem em momentos inesperados e, mesmo que doa colocá-las de volta em seu lugar, a imagem torna-se muito mais clara quando cada peça está onde deveria.

Eu estava no meio de uma ligação divertida com Christian, meu filho de 23 anos, quando a conversa tomou um rumo inesperado. Ele me disse que vinha tendo pesadelos. Eu lhe perguntei sobre os pesadelos, e ele me disse que o tema central e a sensação predominante que permaneciam quando ele acordava eram o abandono. Ele é filho único, e sei que a ideia de que, algum dia, Barry, meu marido, e eu não estaremos mais aqui é difícil. Mas havia outra coisa acontecendo. Enquanto ele falava, reconheci o círculo que ele estava traçando e aquilo estava me atingindo diretamente. Existe um quebrantamento dentro de mim que tem lançado suas sombras sobre o nosso filho.

Depois do suicídio do meu pai, desenvolvi uma vigilância excessiva em relação aos sentimentos das outras pessoas. Se você entrava em uma sala, eu sabia como você estava se sentindo, mas não como eu me sentia, porque... eu não estava. Lembro-me de uma noite quando eu tinha uns 11 anos. Levantei-me para ir ao banheiro. Quando vi luz no quarto da minha mãe, decidi entrar, mas então algo me parou. Ela estava chorando. Eu nunca tinha ouvido minha mãe chorar. Instintivamente, eu soube que ela não queria que eu entrasse, então sentei-me junto à porta do lado de fora do quarto dela e também chorei. Naquela noite, fiz um juramento inconsciente. Jurei que nunca mais amaria tanto alguém que, quando o perdesse, me fizesse chorar sozinha pelo resto da minha vida.

Percebi que um dos círculos que eu tinha traçado era um muro construído em volta do meu coração para me proteger. Lembro-me de escalar as ruínas de um antigo castelo escocês perto de casa quando era criança. Havia algo que me atraía naquelas peças que faltavam nos muros e nas torres. Esse não era o castelo de princesas, era o castelo daqueles que vivem nas ruínas. Eu sempre me identifiquei com lugares abandonados. Falar sobre isso com Christian e Barry foi uma das conversas mais difíceis e libertadoras que tive em toda a minha vida. Eu sempre estive presente para Christian, mas nem sempre tudo de mim estava presente. De alguma forma, naqueles primeiros anos formativos, ele sentiu uma certa distância. Naquela noite, quando conversamos e as lágrimas escorreram pelo meu rosto, senti Deus devolvendo uma peça sagrada ao seu lugar no quebra-cabeças da minha vida, lembrando-me que eu posso ser vulnerável, porque Deus está comigo e eu estou com Deus.

Ainda estou aprendendo a ser curada e a confiar em Deus no que diz respeito às peças que ainda faltam na minha vida e na vida do meu filho, pois Deus ainda está escrevendo nossas histórias. E Ele ainda está escrevendo a sua. As peças não se perderam. Você não foi esquecida, ignorada, deixada de lado. Sua história simplesmente ainda não terminou. Todos nós queríamos ser mães, parceiras e amigas perfeitas que nunca machucam outra alma. Mas somos falhas, e é por isso que precisamos do Pai.

Todas as manhãs, pego minha Bíblia e uma xícara de café e me sento na sacada da nossa casa na cidade. Leio três salmos e um capítulo de Provérbios. Na manhã após a conversa com nosso filho, fiquei sentada lá fora em silêncio. Enquanto estava sentada, veio-me uma lembrança. Era vívida, como se estivesse assistindo a um filme, mas eu estava no filme e nosso filho também. Já era tarde e estávamos voltando para casa pelo aeroporto de Chicago. Christian tinha uns quatro anos na época. Ele estava andando à nossa frente com sua mochilinha. De repente, parou. Eu estava a poucos passos atrás dele e, quando o alcancei, ele não disse nada. Só levantou os braços. Não precisou dizer nada, porque eu o ouvi.

Mamãe, estou cansado.

Eu me abaixei, o peguei e apertei. Lembrava-me daquela noite com muita clareza, mesmo quando as imagens começaram a se dissolver e eu fiquei sozinha naquela sacada no sol da manhã. Sentei-me em silêncio por alguns momentos, então fiquei em pé, coloquei a Bíblia na cadeira e levantei os braços. Eu já tinha levantado meus braços em adoração antes, mas agora era diferente. Eu era uma criança que precisava do Pai. Não disse uma palavra. Não precisei dizer nada. Eu me senti amparada.

Eu não faço ideia do que está acontecendo em sua vida enquanto você lê estas palavras. O que eu sei é que todas nós enfrentaremos desafios, um coração partido, coisas que não esperávamos. Haverá momentos

INTRODUÇÃO

em que desejaremos reescrever alguns capítulos da nossa história. Mas, quando me aprofundei na Palavra de Deus ao longo das últimas semanas e dos últimos meses, entendi, de uma forma como nunca tinha entendido antes, que Deus vem escrevendo nossas histórias desde o início. A vida não está fora de controle, mesmo quando sentimos o contrário. Eu lhe prometo isso. Você está sendo amparada, e Deus está amparando e segurando as suas peças perdidas.

Agora, leio histórias que conheço desde a escola dominical com uma nova visão. Homens e mulheres que não sabiam mais o que fazer — que tinham perdido toda a esperança e toda a força —, mas Deus continuou escrevendo sua história. O Pai esteve com eles, e eles não foram abandonados, e Ele também não vai abandonar você.

Continuo saindo todas as manhãs e levanto meus braços para o alto; fazer isso eleva meu coração. Eu volto meu rosto para os céus e sinto que estou sendo amparada. Tenho uma grande paixão pela mensagem deste livro. A vida não nos oferece uma solução rápida, mas Deus está sempre ativo, sempre trabalhando. Vejo isso como nunca tinha compreendido antes.

Tenho observado Deus inserir nas Escrituras as peças perdidas do quebra-cabeças da vida de seus filhos e cada uma é um milagre. Hesito ao usar essa palavra, pois tendemos a associar um milagre a algo que acontece em um instante ou duvidamos de que milagres ainda aconteçam. Mas, agora, acredito em milagres mais do que nunca. Eles acontecem no tempo de Deus e trazem esperança. Convido você a fazer essa viagem comigo. Não importa onde você esteja agora, oro para que, pelo poder do Espírito Santo, você consiga persistir.

Tenho uma história de quatro palavras e ela se transformou neste livro.

Persista e não desista.

> Disse-lhes Jesus: "Meu Pai continua trabalhando até hoje, e eu também estou trabalhando" (João 5:17).

Persista quando a vida parece estar fora de controle

*O meu espírito se desanima; o meu coração está em pânico.
Eu me recordo dos tempos antigos; medito em todas as tuas
obras e considero o que as tuas mãos têm feito.
Estendo as minhas mãos para ti; como a terra árida, tenho sede de ti. Pausa
Apressa-te em responder-me, Senhor! O meu espírito se abate.*
SALMOS 143:4-7

*Dor mental é menos dramática do que dor física, mas é mais
comum e também mais difícil de suportar. A tentativa frequente de
esconder a dor mental aumenta o fardo: é mais fácil dizer "Estou
com dor de dente" do que "Meu coração está partido".*
C. S. LEWIS

Eu tinha 39 anos, estava grávida e prestes a dar à luz em pouco mais de duas semanas. Sentia-me muito feliz. Sabíamos que era um menino e tínhamos escolhido o nome: Christian. Durante semanas, Barry tinha me seguido tocando música de adoração para a minha barriga. Acho que ele acreditava que nosso filho cresceria e competiria à altura do cantor evangélico Chris Tomlin. Por outro lado, tinha certeza de que nosso filho sairia da barriga pronto para dar um soco na cara do seu pai. "Eu estava tentando dormir lá dentro!"

Era o dia 12 de dezembro, minha última consulta antes do grande dia. Ainda me restavam duas semanas para preparar refeições e congelá-las. Quatorze dias para me deleitar no brilho da gravidez. Quatorze dias tendo os cabelos e as unhas mais lindos da minha vida. Quatorze dias para desfrutar da vida a dois com Bentley, nosso golden retriever. Pelo menos era o que eu estava pensando quando minha médica entrou na sala de consultas com um sorriso enorme em seu rosto.

"Você está pronta?", ela perguntou.

"Pronta para quê?", respondi.

"Para receber o seu pequenino neste mundo", ela disse. "Vamos. Está na hora!"

Ela estava tão empolgada, que me perguntei se ela estava bêbada.

"Mas a data marcada para o nascimento é só daqui a duas semanas", eu a lembrei.

"Eu sei disso", ela respondeu. "Mas ele vai nascer hoje."

"O quê? Por quê?", perguntei, começando a entrar em pânico. "Ele ainda não está pronto, e... e deixei um assado no forno."

"Ele ficará bem", ela disse, anotando alguma coisa na minha ficha.

"Mas por que agora?", insisti.

"Bem, meu marido acabou de me surpreender com uma viagem ao Havaí!", ela disse, na expectativa de que eu celebrasse com ela. Tive que decepcioná-la.

"Mas ainda não estou dilatada", eu lhe disse. "Eu não conseguiria parir nem mesmo uma uva, muito menos uma pessoa inteira."

"Temos um remédio para isso", ela falou, em uma tentativa de passar confiança, e então instruiu a enfermeira a buscar uma cadeira de rodas e me levar para a ala da maternidade do hospital.

Tudo estava indo muito rápido e, aparentemente, minha opinião não importava.

"Barry! Faça alguma coisa!", gritei.

Coitado. Ele estava ali parado, em choque, como se alguém tivesse jogado um tijolo nele.

"Vou para casa pegar a sua bolsa maternidade", ele disse, despertando de repente.

"E a cadeirinha", gritei enquanto ele desaparecia. "E desligue o forno!"

Não sei exatamente o que injetaram no meu braço, mas eu não recomendo. Em um segundo, eu estava completamente sem dor, um segundo depois, era como se estivesse tentando empurrar um burro por um buraco de fechadura. Quando Barry voltou, eu não estava bem; eu me sentia muito assustada.

Eu queria minha mãe.

Eu queria minha irmã.

Nada disso era como eu tinha imaginado.

Nós tínhamos conversado sobre o fato de que, devido à minha idade, essa era provavelmente a minha única gravidez e que, por isso, eu tentaria um parto natural. Mudança de planos. Nada do que estava acontecendo me parecia natural. Clamei por uma anestesia epidural e qualquer outra coisa que tivessem disponível.

Na nossa imaginação, Barry e eu tínhamos escrito uma história de um evento perfeito. Tínhamos escrito um roteiro para a entrada do nosso bebê no mundo. O primeiro capítulo da história dele era mais ou menos assim: contrações, momentos de descanso para recuperação, outras contrações, pequenos pedaços de gelo, de vez em quando uma massagem nas costas. Então respirar, empurrar, respirar, empurrar, respirar, empurrar, maravilhoso, um lindo menino.

Bem, era algo que já não aconteceria mais e estávamos oficialmente sem roteiro.

"Acho que isso pode ajudar", Barry disse em um momento desesperado e apertou um botão no seu aparelho de som. Lembre-se, estávamos no ano de 1996. Enquanto uma música de Natal enchia a sala, eu pensei: *Eu vou acordar em um instante. Estarei em casa, na cama, a duas semanas do parto. Tudo isso é só um pesadelo.* Tudo parecia extremamente irreal e eu tinha certeza de que jamais conseguiria ouvir música de Natal de novo.

Depois de doze horas da pior dor que já conheci, às 5h40 da manhã, no dia 13 de dezembro, eu estava segurando meu bebê nos braços. Ele era miúdo e perfeito.

"Olhe, Barry", eu disse. "Dá para ver que vivemos na Califórnia. Ele já nasceu bronzeado."

Nós dois ficamos admirando seu "bronzeado" até a médica nos informar que aquilo não era um bronzeado coisa nenhuma; era icterícia. Ele passou alguns dias na UTI e então levamos nosso bebê um tiquinho mais pálido para casa.

O primeiro capítulo da vida de Christian não foi o que tínhamos esperado, mas eu sabia que Deus só estava começando a escrever a história dele. Naquele dia, as circunstâncias pareciam estar fora de controle, mas, na verdade, não estavam. Eu estava em um hospital bom com uma médica boa (apesar de os tacos de golfe dela já estarem ali no canto do consultório e ela já cheirar a bronzeador).

Mas você sabe tão bem quanto eu que há situações que não se resolvem tão fácil nem tão rapidamente e cujos desfechos são muito diferentes daqueles que nós escreveríamos. O que você faz quando isso acontece? Como você persiste quando tudo dá errado? Como persiste quando sente que a vida sai do controle? E mais, como você continua acreditando que Deus é bom quando a vida parece ser má?

SE DEUS... POR QUÊ?

Pouco tempo atrás, fui confrontada justamente com essa pergunta. "Por quê?". Tinha sido convidada para fazer uma palestra em uma conferência de mulheres no Centro-Oeste dos Estados Unidos. Depois da última sessão, fiquei ainda um tempinho para conhecer algumas das mulheres e assinar alguns livros. Percebi uma mulher que se mantinha afastada das outras, sozinha. Achei que talvez ela preferisse uma conversa mais privada. Quando a sala esvaziou, veio até mim e se apresentou. Parecia transtornada, então perguntei se queria se sentar. Ela permaneceu em silêncio por alguns instantes e então me disse que tinha um problema com a minha última mensagem.

Tive que pensar um pouco. Minha última mensagem tinha se baseado em um dos meus capítulos favoritos da epístola aos Romanos, o capítulo 8. Para mim, esse capítulo sempre parecia uma ilustração linda do amor e da graça de Deus. Começa sem condenação: "Portanto, agora já não há condenação para os que estão em Cristo Jesus" (v. 1). Amo essa verdade. Vi como ela libertou tantas pessoas que estavam sendo esmagadas pelos erros do passado. Eu não conseguia imaginar como esse texto pôde irritá-la. Os dois últimos versículos do capítulo terminam sem separação: "Pois estou convencido de que nem morte nem vida, nem anjos nem demônios, nem o presente nem o futuro, nem quaisquer poderes, nem altura nem profundidade, nem qualquer outra coisa na criação será capaz de nos separar do amor de Deus que está em Cristo Jesus, nosso Senhor" (v. 38–39).

Essas verdades sempre me confortaram muito, por isso eu estava curiosa para saber como ela as via olhando pela janela de sua própria vida. Perguntei o que nessa mensagem a incomodava. Infelizmente, seu problema estava relacionado ao amor de Deus. Não cabe a mim compartilhar a vida pessoal dela, mas as perguntas que ela fez naquela noite já me foram feitas por outras pessoas. Talvez você também já as tenha ouvido. Talvez você mesmo já as tenha feito.

>Se Deus é um Deus que ama, por que isso aconteceu?
>Se Deus é poderoso, por que ele não impediu que isso acontecesse?
>Se Deus... Por quê?
>Se Deus... Por quê?
>Por quê?

Acredito que esse seja um dos maiores desafios para persistir quando a vida está fora de controle. Sabemos que, se Ele quisesse, Deus poderia mudar as nossas circunstâncias. Ele poderia salvar nosso casamento. Ele poderia curar nosso filho. Ele poderia nos ajudar a arrumar um emprego. Ele poderia nos ajudar a ter um bebê. Por que, então, deveríamos nos apegar àquele que poderia nos ajudar, se Ele não ajuda? Amaremos e adoraremos um Deus mesmo que não o entendamos? Cada um de nós luta e reluta com essas perguntas quando a vida desmorona.

Não tentarei dar todas as respostas aqui, mas deixe-me mostrar como é, íntima e pessoalmente, confiar em Deus pela vida de dois de meus melhores amigos, Brent e Jennalee Trammel. Esses dois têm sido nossos amigos mais próximos desde que nos mudamos para o Texas há 17 anos. Vivíamos a poucas casas deles e nossos garotos cresceram juntos. Tenho muitas lembranças preciosas de estar sentada com Jennalee na frente de casa, observando os garotos em suas bicicletas ou seus skates nas noites de verão, revezando-nos fazendo curativos neles quando tentavam um truque novo que dava errado. Costumávamos rir da realidade de que, se qualquer coisa fosse dar errado em qualquer casa do bairro, seria na casa dos Trammel. Canos estourados, que inundavam todo o primeiro andar, esquilos no sótão, um congelador que só funcionava quando estava com vontade, hera venenosa nos três rapazes ao mesmo tempo. Eu costumava ficar maravilhada diante da resiliência de Jennalee. Não importava o que desse errado, ela enfrentava tudo com um sorriso no rosto e falando este ditado familiar: "Um dia escreverei um livro!".

Mas nada poderia tê-la preparado para o que estava prestes a acontecer pouco antes do Natal de 2010. Em dezembro, Brent teve uma convulsão em uma manhã, quando ia levar os garotos para a escola. Depois de vários testes, os médicos descobriram que ele tinha um tumor cerebral. Foi uma notícia chocante. Brent tinha apenas quarenta anos. Alguns dias após a convulsão, Jennalee publicou isto no seu Facebook:

> Brent teve uma convulsão na segunda-feira e, para chegar logo ao ponto, ele passará por uma cirurgia na próxima sexta-feira para remover um tumor cerebral. Ele é maravilhoso e forte e, se você não acreditasse em Deus e não tivesse fé em Cristo, começaria a crer nele só por ver como meu precioso marido está lidando com isso. Depois de ouvir as notícias, ele olhou para mim e disse calmamente: "Talvez eu tenha sido criado para este exato momento".

Na manhã de sua cirurgia, Brent escreveu um bilhete para seus garotos, que eu compartilho aqui, com a permissão dele:

Chase, Cole e Tate,

É muito cedo (quatro da manhã) e Deus está operando! Eu queria apenas tirar alguns momentos para lhes dizer o quanto amo cada um de vocês! Cada um de vocês fez de mim o pai mais feliz do mundo inteiro. Lembro-me (em Marcos 1:11) de quando Jesus foi batizado por obediência e respeito ao seu Pai e uma audível voz se fez ouvir nos céus: "Tu és o meu Filho amado; em ti me agrado". Nesta manhã, me dou conta da quantidade de amor que um pai pode ter pelos seus filhos e por todas as suas conquistas, vitórias e, sim, até mesmo derrotas. Portanto, repito estas palavras do topo da montanha: "VOCÊS SÃO OS MEUS FILHOS AMADOS, EM VOCÊS ME AGRADO!". Nunca fomos chamados para trilhar uma vida simples e infiel, mas uma vida cheia de abundância e graça, que só Deus pode dar. Nesta manhã, seu pai partirá para o hospital sem qualquer medo do desconhecido, e esperem que milagres aconteçam.

> *NÃO IMPORTA o resultado da cirurgia nem o diagnóstico, DEUS ESTÁ NO CONTROLE e ELE será louvado!*
> *Façam-me um favor. Os próximos dias serão muito difíceis para a mãe de vocês. Orem por ela. Amem-na. Abracem-na. Obedeçam a ela. Ela é verdadeiramente o amor da minha vida! Precisaremos todos uns dos outros durante os próximos dias, mas ela precisará ainda mais de vocês.*
> *Abaixo está um dos meus versículos favoritos:*
>
> *Romanos 8:38-39:*
> *"Pois estou convencido de que nem morte nem vida, nem anjos nem demônios, nem o presente nem o futuro, nem quaisquer poderes, nem altura nem profundidade, nem qualquer outra coisa na criação será capaz de nos separar do amor de Deus que está em Cristo Jesus, nosso Senhor."*
> *Não tenham medo, Jesus nunca falha.*
>
> *Papai*

Ele passou pela primeira cirurgia com sucesso, mas o médico não foi capaz de remover todo o tumor, que permaneceu inativo durante algum tempo e depois voltou a crescer. Após 17 meses de quimioterapia e radioterapia, foram necessárias uma segunda cirurgia, uma radioterapia e uma terceira cirurgia. A equipe de médicos tentou de tudo. Durante toda essa jornada dolorosa, em que a esperança voltava só para ser destruída novamente, vi Brent e Jennalee continuarem a se apegar a Jesus com uma fé inabalável.

Na semana anterior à morte de Brent, agora já internado, Jennalee postou esta passagem das Escrituras:

> Todavia, como está escrito: Olho nenhum viu, ouvido nenhum ouviu, mente nenhuma imaginou o que Deus preparou para aqueles que o amam (1 Coríntios 2:9).

Quando Brent deu seu último suspiro na terra, Jennalee simplesmente escreveu: "Ele conseguiu. Ele está em casa".

Era para isso que eles viviam. Ele persistiu durante todo o caminho até chegar em casa. O que vi tanto em Brent como em Jennalee foi uma fé em Cristo que perdurou pelo tempo inteiro, por mais que as coisas parecessem estar fora de controle. Brent nunca, nem uma única vez em dez anos, perguntou: "Por que eu?".

Penso que a maioria de nós consegue se apegar a Jesus quando atravessa algo difícil, mas como estabelecer o tipo de fé que se recusa a desistir quando a batalha continua e nós chegamos ao fim da linha? Para a maioria de nós, isso se tornou uma pergunta muito real em 2020.

NO FIM DA LINHA

Não tínhamos previsto aquilo. Ninguém tinha. Em algum lugar do outro lado do mundo, um novo vírus estava deixando as pessoas muito doentes, mas isso estava acontecendo muito longe da nossa casa. Ou pelo menos era o que pensávamos.

Na nossa casa, a árvore de Natal ainda estava de pé. (Mantemos as nossas decorações de Natal até um de nós não aguentar mais e encerrar o período de festividades.) Janeiro estava batendo à porta, mas eu ainda relutava em apagar as luzes cintilantes e guardar os ornamentos feitos à mão pelo meu filho quando ele era criança. Todas as manhãs eu abria a porta dos fundos para deixar os nossos cachorros saírem e fazia uma pausa na frente da árvore de Natal para contemplar as decorações.

Uma das minhas decorações favoritas do quarto ano escolar mostra Maria, José e o menino Jesus feitos de barro. O bebê é quase tão grande como Maria. Isso me trouxe algumas lembranças.

"Teremos que tirar a árvore em fevereiro", eu disse a Barry em uma manhã. "Assim que março chegar, minha agenda de viagem será uma loucura."

Era o que eu pensava — e depois o mundo perdeu o chão e tudo o que me era familiar e reconfortante mudou. As pessoas perderam suas vidas, suas empresas, seus empregos. As portas das escolas foram fechadas e, de repente, os pais tiveram que se tornar professores de matemática do quinto ano.

As nossas igrejas foram trancadas e nós ficamos sentados em casa assistindo a programas de televisão e ganhando peso. E por alguma razão que ainda não é clara para mim, o papel higiênico se tornou nossa ferramenta de sobrevivência.

As perguntas se acumulavam.

> Deus, o que está acontecendo?
> Tu estás nos vendo?
> Por que permites que isso aconteça?
> Será que a vida voltará a ser normal?
> Será que vamos sobreviver a isso?
> Quando é que isso vai acabar?
> Será que os nossos relacionamentos sobreviverão?
> Por que está tudo tão fora de controle?

Não sei como essas semanas e esses meses afetaram você e sua família. Estávamos em território desconhecido. Nunca antes tínhamos estado em uma situação como essa na nossa vida. No início, confesso que gostei da pausa. Estou habituada a voar todos os fins de semana para palestrar e estou no estúdio de televisão durante a semana, por isso, para mim, poder usar moletom e não usar maquiagem foi fantástico durante algum tempo. Acho que acreditava que a pandemia duraria apenas algumas semanas e depois voltaríamos todos a fazer o que tínhamos feito antes de termos ouvido falar de covid-19. Mas aquilo se arrastou sem fim e ver o noticiário da noite era de partir o coração. Tanta dor. Tanta perda.

As semanas se transformaram em meses e senti como se caindo em um círculo vicioso. Algumas manhãs, acordava com uma sensação de pavor no fundo do meu estômago. Não me levantava. Eu me sentia doente e ansiosa. Todas as coisas que tinha aprendido para me ajudar a lidar com uma depressão clínica grave, desde que tinha sido diagnosticada anos atrás, já não funcionavam. Não sabia como sair do poço sozinha. Alguns dias fiquei apenas na cama. Assistia ao nosso culto religioso *on-line*, mas me sentia a um milhão de quilômetros de distância. Apesar de estar em casa com Barry, eu me sentia tão só. Estava de volta às ruínas do castelo.

Então nosso filho contraiu o vírus. Christian está na pós-graduação em Houston e quando ele ligou para nos dar a notícia, eu me senti desamparada. Tudo em mim me fez querer correr até Houston e cuidar dele, mas as regras do isolamento não permitiam. Honestamente, eu queria gritar, mas Tink, nosso cachorro de 14 anos, detesta ruídos altos, por isso apenas chorei com o rosto enterrado em meu travesseiro. Fiquei chocada com o nível de desespero que estava sentindo. Depois de todos esses anos de confiança em Deus, por que eu me sentia tão assustada, tão vulnerável?

O que devemos fazer quando a vida parece estar fora de controle? O que devemos fazer quando não há nada que se possa fazer? O que devemos fazer quando acreditamos que Deus é bom, que Deus está no controle, mas nada mais faz sentido para nós? Esses sentimentos podem ser avassaladores. Uma das coisas que aprendi através da minha depressão é que, quando estou realmente lutando, o que me ajuda é orar pelos outros. Então, certa noite entrei no meu Facebook e simplesmente perguntei: "Como você está? Posso orar por você?". Recebi centenas de respostas e a maioria delas era de partir o coração.

> Meu marido perdeu o emprego. Não sei como pagaremos as nossas contas no próximo mês.
> Meu pai está no hospital. Ele está morrendo e não deixam me despedir dele.
> Como devo cuidar de quatro crianças em casa e manter o meu emprego?
> Meu filho se suicidou. Não sei quanto tempo mais consigo aguentar.
> Meu casamento está desmoronando e eu não sei o que fazer.
> Meus filhos não querem mais ter nada a ver com Jesus. Estou de coração partido.
> Estou lutando contra a ansiedade.

Algumas das questões estavam relacionadas à pandemia, mas muitas estavam simplesmente relacionadas à quão dura a vida pode ser. Algumas mulheres trocaram mensagens privadas comigo, porque disseram que tinham vergonha de admitir que estavam lutando até a exaustão.

Sejamos honestas: às vezes, quando estamos sobrecarregadas, particularmente como cristãs, somos tentadas a recuar para dentro de nós mesmas. Não queremos que ninguém nos julgue ou nos envergonhe. Já nos sentimos suficientemente mal. Às vezes, não sabemos como falar com os outros quando mal conseguimos persistir. O que dizer? Como dar palavras ao nível de desespero que estamos sentindo? Como C. S. Lewis escreveu, é mais fácil dizer que o nosso dente está doendo do que confessar que o nosso coração está partido.

Mas agora conheço uma forma de lidar com isso que nunca compreendi antes: quando o nosso coração está partido, precisamos ser capazes de dizê-lo em voz alta. Se não o fizermos, afundamos mais e mais no poço. Precisamos uns dos outros. Precisamos permitir que as pessoas entrem na nossa dor quando ela é grande demais para ser carregada sozinha. Precisamos da companhia do quebrantamento, de pessoas que amam a Deus, mesmo que elas não tenham todas as respostas.

Quando Paulo escreveu à igreja na Galácia, disse o seguinte: "Levem os fardos pesados uns dos outros e, assim, cumpram a lei de Cristo" (Gálatas 6:2).

A palavra grega usada aqui para "fardo" (*baros*) significa literalmente "um peso pesado ou pedra que alguém é obrigado a carregar por uma longa distância".

Nós não fomos criadas para transportar grandes pesos por uma longa distância sozinhas. Quando a vida se torna muito difícil, quando tudo parece estar fora de controle, precisamos de humildade para pedir ajuda, para que os outros saibam que o peso está grande demais. Foi o que vi na vida de Brent e Jennalee. Eles sabiam que a pedra que levavam era pesada para a carregarem sozinhos, apesar de não terem ideia, no início, de por quanto tempo seriam chamados para carregá-la.

À medida que o meu próprio desespero crescia, a pedra me colocava de joelhos. Tenho uma Bíblia desde criança. Eu a li, estudei, decorei e a ensinei, mas comecei a mergulhar nela como se a minha vida dependesse disso, porque dependia. Precisava entender o quadro geral da história que Deus está escrevendo. Dia após dia, semana após semana, sentei-me na nossa varanda com a minha Bíblia, um caderno, um lápis e pedi ao Espírito Santo que me ajudasse a ver o que poderia ignorar. E foi o que ele fez. As histórias estavam ali naquelas páginas, história após história de pessoas que amavam Deus, mas sentiam como se suas vidas estivessem fora de controle. História após história daqueles que se sentiam tentados a desistir porque não conseguiam ver qualquer saída. Mas Deus estava com eles a cada momento todos os dias. Não só isso, mas, enquanto eu estudava, vi que Jesus estava lá. Ele está lá desde o primeiro capítulo de Gênesis até o capítulo final de Apocalipse. Tudo sempre tem girado em torno de Jesus. Sempre existiu um plano. Ele sempre está escrevendo as nossas histórias.

DEUS ESTÁ NO CONTROLE

Voltemos lá para o início. Quando Adão e Eva deram ouvidos à serpente e desobedeceram a Deus, parecia que o mundo inteiro tinha saído de controle. Tudo estava arruinado. Nada mais era perfeito. Tudo parecia estar perdido. Mas, mesmo ali, nas primeiras páginas da Palavra de Deus, lemos o que chamamos de *protoevangelium*, o primeiro anúncio do evangelho. Está em Gênesis 3. Deus falou à serpente e disse: "Porei inimizade entre você e a mulher, entre a sua descendência e o descendente dela; este lhe ferirá a cabeça, e você lhe ferirá o calcanhar" (v. 15).

Dentre os descendentes da mulher que tinha caído nas mentiras do inimigo emergiria o nosso Salvador, Jesus. Sim, os calcanhares de Cristo seriam feridos na cruz, mas ele ressuscitaria, derrotando a morte e a sepultura e esmagando a cabeça de Satanás por toda a eternidade.

Pense em Noé. Quando Deus o instruiu a construir um barco, aquilo não fazia sentido. Muitos teólogos acreditam que, até aquele momento da história, nunca tinha chovido antes, então por que Deus pediria que ele construísse um barco? Não só isso, mas o que era um barco? Com Noé, sua família e os animais abrigados dentro desse barco, o céu se abriu. Choveu e o dilúvio veio. Como eles sobreviveriam? Já não havia terra seca. Eles não podiam viver em um barco para sempre! Tudo parecia estar fora de controle, mas não estava.

E o que dizer sobre José? Ele foi atacado pelos irmãos, vendido para o Egito e, por fim, jogado na prisão. Sua vida parecia estar fora de controle em todos os aspectos que fariam sentido para nós, mas não estava. As últimas peças no seu quebra-cabeças são incríveis.

Abraão, Moisés — ambos tinham histórias que não fizeram sentido durante anos. Abraão foi instruído a deixar a sua pátria e tudo o que ele conhecia por uma promessa que só se cumpriria na sua velhice. E Moisés cuidou de ovelhas durante quarenta anos antes de Deus o chamar para libertar os israelitas da escravidão.

E quanto aos filhos de Israel? Pense em como devem ter se sentido quando atravessaram o Mar Vermelho, com enormes paredes de água se erguendo de cada lado e um exército furioso em cavalos e carruagens atrás deles. Tente se colocar naquela situação. Se você se lembra do fim da história em Êxodo 14, sabe que eles conseguiram atravessar o Mar Vermelho em segurança. Mas, quando estavam no meio do caminho, aquilo deve ter sido assustador.

Pense no rei Davi. Amamos os salmos, mas metade deles foi escrita quando ele estava no meio de algo terrível.

> Salva-me, ó Deus!,
> pois as águas subiram até o meu pescoço.
>
> Nas profundezas lamacentas eu me afundo,
> não tenho onde firmar os pés.
> Entrei em águas profundas;
> as correntezas me arrastam.
>
> Cansei-me de pedir socorro;
> minha garganta se abrasa.
> Meus olhos fraquejam
> de tanto esperar pelo meu Deus (Salmos 69:1–3).

Essas não soam como palavras de um homem que sente que tudo está sob controle.

Ou pense no homem cuja história encontramos em Lucas 23:32–43. Ele está no corredor da morte à espera de sua execução, que será na manhã seguinte. Tente se colocar no lugar dele. Você vai morrer hoje. Não há nada que possa impedir isso. Os momentos finais da sua história são radicais.

Leio e leio. Leio até que as lágrimas escorram pelo meu rosto e levanto os braços em adoração. A Bíblia está cheia de história atrás de história de homens e mulheres como você e eu, que se encontram em situações que parecem estar completamente fora de controle. Mas Deus estava com esses homens e essas mulheres. Não só isso, Ele tinha em suas mãos todas as peças que faltavam às suas histórias.

Por isso, aqui mesmo neste primeiro capítulo, pergunto se você está disposta a olhar mais fundo comigo e a obter uma imagem maior de quem Deus é, de quem nós somos e ver que não importa como nos sintamos, as nossas vidas não estão fora de controle. Às vezes, podemos não estar na nossa zona de conforto; podemos estar sem respostas, cheias de dor, mas a nossa vida não está fora de controle. E é aí que está a ironia. Você está preparada para isso?

Ela nunca esteve sob nosso controle.

Aquele sentimento de pavor no meu estômago.

Ter um bebê aos 39 anos, quando a minha médica já estava saindo pela porta para embarcar em um avião para o Havaí.

Cada uma das coisas que eu estava tentando controlar estava fora do meu controle. A verdade é que elas nunca estiveram sob o meu controle. Mas a maior verdade é esta: nada está, nem nunca esteve, fora do controle de Deus. Deus sempre esteve no controle. Foi isso que me fez erguer os braços para o meu Pai. Finalmente fiz as pazes com essa verdade e entreguei tudo a Ele.

A passagem da Escritura que tantos anos antes tinha sido uma salvação para mim tornou-se assim novamente.

> Apesar disso, esta certeza eu tenho: viverei até ver
> a bondade do Senhor na terra.
> Espere no Senhor.
> Seja forte! Coragem!
> Espere no Senhor (Salmos 27:13–14).

Por isso eu persisto. Você também vai persistir?

Agarrando-se à Esperança

1. Não fomos feitas para dar conta da vida sozinhas; devemos permitir que outras pessoas entrem em nossa história.

2. Jesus ainda está escrevendo a sua história e Ele está com todas as peças em mãos.

3. Não importa como as coisas aparentam ser, Deus está no controle.

Deus Pai,
Quando minha vida parece estar fora de controle,
escolho estar contigo.
Amém.

Persista quando você se sente só

Até quando, Senhor? Para sempre te esquecerás de mim?
Até quando esconderás de mim o teu rosto?
SALMOS 13:1

Às vezes, a solidão nos sobrevém como uma onda repentina. É uma das condições da nossa humanidade e, de certa forma, é, portanto, incurável. No entanto, tenho encontrado paz em meus momentos de maior solidão não só aceitando a situação, mas fazendo dela uma oferta para Deus, que pode transfigurá-la em algo benéfico para os outros.
ELISABETH ELLIOT

A cada setembro, a feira vinha para nossa pequena cidade na costa ocidental da Escócia. Era o ponto alto do meu ano. Ela abria em uma sexta-feira à noite; depois das aulas, na quarta e quinta-feira, eu me sentava à beira do campo e observava a sua montagem. Para uma escocesa pálida e tímida, os trabalhadores da feira pareciam exóticos com seus longos cabelos escuros e suas peles bronzeadas. Em retrospectiva, a feira oferecia pouca coisa, mas, quando você tem 13 anos, as luzes brilhantes, a música estridente das atrações e o cheiro de maçãs caramelizadas e algodão-doce são intoxicantes.

A maioria das atrações era um tanto básica, composta de coisas que giravam rapidamente, levando uma pessoa a questionar sua decisão de encher a barriga com batatas fritas enquanto espera na fila. Ao redor do perímetro do campo havia atrações como o Salão dos Espelhos, onde você parecia ter três metros de altura e ser tão fino como um graveto ou tão baixo e gordo como Jabba, o Hutt.

Eu adorava tudo na feira, mas em todos os anos eu tinha um objetivo específico. Eu o abordava como uma busca sagrada. Queria ganhar um peixinho dourado. Enquanto a minha irmã e o meu irmão entravam na fila para brincar de novo, eu pegava o que restava da minha mesada e me dirigia à barraca Ganhe um Peixe-Dourado. Ganhar um peixe-dourado era bastante difícil. Você tinha que acertar uma bola de pingue-pongue em um dos trinta aquários de peixes-dourados que ficavam sobre uma mesa no meio da tenda. Se a bola entrasse e depois voltasse a sair, não contava. Eu jogava bola após bola todos os anos, vendo-os saltar das extremidades dos aquários direto para a relva, até que finalmente uma bola entrava e ficava. Depois, recebia o meu peixe em um saco de plástico transparente com alguns buracos de ar na parte superior. Eu estava no céu.

A caminho de casa, eu segurava firmemente meu peixe, tentando pensar no nome perfeito. Na maioria dos anos, escolhia o nome Goldie, mas, em um ano, por ter uma barbatana preta, eu o chamei de Goldie, o Tubarão Perigo. Eles nunca viviam muito tempo, mas eu os adorava. Todos os anos, a minha irmã me lembrava de que teria sido mais barato comprar um peixe-dourado do que gastar a minha mesada tentando ganhar um. Ela não entendia que era o desafio de ganhar o peixe que tornava a busca tão entusiasmante.

Havia algo em ver o peixe nadando dentro do aquário que me fascinava. Eu podia colocar a minha mão no exterior do aquário enquanto ele nadava, mas ele estava seguro por dentro. Ninguém podia machucá-lo. Algo ressoava em meu subconsciente.

Não pensei muito nisso até o nosso filho ter seu próprio peixe, um peixe betta escarlate que ele chamou de Red. Uma manhã, quando estava preparando o café, vi que Red estava flutuando na superfície da água. Eu sabia que Christian ficaria devastado, por isso bolei um plano. Depois de falar algumas palavras de recordação e um verso de "Amazing Grace" pelo Red, eu o joguei no vaso e dei descarga. Depois escrevi um bilhete, coloquei-o em um envelope com o nome de Christian na frente, e o pus ao lado da tigela dele. Quando Christian desceu e viu o aquário vazio, ele me perguntou: "Mãe, onde está o Red?". Eu disse que não sabia. (Bem... por acaso você sabe para onde vai um peixe levado pela descarga do vaso sanitário? Certamente eu não sabia.) Eu apontei para o bilhete com o nome dele e ele me pediu para lê-lo.

Caro Christian,
Adorei viver com você. Você é muito engraçado e amável, mas acabei de receber uma oferta para me juntar ao circo dos peixes em

Nova York. É uma oportunidade maravilhosa demais para deixar passar. Espero que compreenda e, se alguma vez for a Nova York, por favor venha ver nosso espetáculo.

O seu peixe amoroso,
Red

Christian ficou calado por alguns momentos, depois olhou para mim com seus grandes olhos castanhos e disse: "Eu sabia que um dia os peixes cresceriam". (Vários anos depois, em uma viagem a Nova York, ele disse com um grande sorriso no rosto: "Ei, mãe, quer ir ver o Red no circo?". Acho que, àquela altura, ele já tinha entendido.)

OUTRA PEÇA DO QUEBRA-CABEÇAS

Naquele dia, quando eu estava limpando o aquário do Red, vi meu reflexo na pequena torre de vidro que Christian tinha colocado lá dentro para que Red tivesse um lugar para se esconder. Uma onda de tristeza me invadiu. Eu sabia que não era por causa do desaparecimento do peixe. Havia algo no aquário que ativou um pequeno alarme dentro de mim. Em vez de prestar atenção ao toque do alarme, eu o ignorei e coloquei o aquário na prateleira da garagem que abrigava as antigas moradias dos vários bichinhos de estimação que Christian tivera — lagartos, sapos, grilos. Ao longo dos anos, tínhamos abrigado metade das pragas do Egito.

Precisei dos longos meses de isolamento em 2020 para finalmente prestar atenção ao sininho na minha alma e colocar no lugar uma peça do quebra-cabeças que faltava. À medida que as semanas foram se transformando em meses, tomei consciência do fato de que uma das coisas mais difíceis sobre o isolamento para muitas pessoas era estar sozinho pela primeira vez. Ouvia isso nos noticiários; lia isso nas minhas redes sociais. As pessoas sentiam-se sós, sentiam a falta de poder estar com amigos próximos, de poder abraçar outra pessoa. Embora sentisse falta do nosso filho, eu não estava vivendo a dor que muitos sentiam. Depois percebi o porquê.

Sempre me sinto sozinha.

Desde sempre me sinto sozinha.

Estar só e sentir-se só não são a mesma coisa. Estar só pode ser uma coisa linda, um tempo de descanso, de reflexão, de sossego. Sentir-se só é uma coisa estranha. Você pode estar no meio de uma multidão e sentir-se só. Você pode ser amado e sentir-se só. Sentir-se só é como uma dor silenciosa, um sentimento de não fazer parte, de não se encaixar, de não ser igual a todos os outros.

Sentir-se só não precisa fazer sentido; você simplesmente se sente assim. É uma dor que o corrói por dentro. É como se faltasse um pedaço na sua alma. Mesmo quando estou com as pessoas de quem mais gosto, parte de mim se sente só. Desde criança — mais especificamente, desde a morte do meu pai — sinto-me como um peixe em um aquário, capaz de ver o exterior, mas segura e protegida no interior. Acho que, conscientemente, não escolhi entrar no aquário. Eu tinha perdido qualquer conceito do que era ou do que deveria ser o normal e me sentia mais segura vivendo atrás de uma parede, mesmo que fosse de vidro.

Não sei se foi o fato de sermos escoceses e não tão propensos a compartilhar os nossos sentimentos mais profundos ou se foi simplesmente o jeito que a nossa família escolheu para contar — ou melhor, para não contar — a nossa história que me deixou com tantas perguntas sobre mim mesma. Eu me perguntava o que as pessoas pensavam. Quando meu pai sofreu um aneurisma cerebral, ele descarregou a sua raiva em mim, e não na minha irmã ou no meu irmão. Ele me puxava pelo cabelo, cuspia em mim, me dava tapa na cara; tudo isso se tornou evidente no seu último dia em nossa casa, quando eu reagi e tirei a bengala dele. Ele perdeu o equilíbrio e caiu, rugindo como um animal. Quando minha mãe viu o que estava acontecendo, chamou a emergência. Naquele dia, ele foi levado para o nosso hospital psiquiátrico local, mas, uma noite, ele fugiu e se afogou no rio. Havia tantas perguntas que não foram feitas...

>Por que meu pai me odiava?
>Por que ele descarregou a sua raiva em mim?
>Por que ele preferiu morrer a ser meu pai?
>Será que a minha mãe me culpava pela raiva dele?
>Será que minha irmã e meu irmão me culpavam por perderem o pai?

Porém, a minha pergunta muito maior era esta: Será que todos os outros viam que havia algo de errado comigo, mas ninguém queria dizer isso para mim?

Seria melhor para todos se eu já não existisse mais?

Parte de mim queria fazer essas perguntas, mas uma parte maior estava aterrorizada com as possíveis respostas. Quando penso naquela menina agora, meu coração me dói. Ela estava tentando segurar firme, aguentar tudo quando tudo parecia estar desmoronando. Sei que houve muitas vezes em que o que ela mais queria era soltar tudo aquilo.

> Ela sentia que não estava à altura.
> Ela sentia que não era suficiente.
> Ela sentia que era tolerada, em vez de amada.
> Ela sentia que, no fundo, havia algo de errado consigo.
> Ela olhava para os outros, que pareciam felizes e unidos, e sabia que nunca seria assim com ela.

Pergunto-me se você também já esteve nesse lugar.

Quando algo lhe acontece durante a infância, e, pelo que se sabe, aquilo não aconteceu a mais ninguém na família, você se sente separada pelas circunstâncias. Ficamos sós e todos os outros ficam juntos — pelo menos é assim que parece.

Tenho conversado com muitas mulheres que sofreram abuso sexual ou físico em sua infância. As consequências dessa experiência devastadora podem durar uma vida inteira e poucas falam da solidão que isso traz, tampouco falam da pergunta: "O que há de errado comigo?".

Não são apenas os abusos que podem criar essa dor; qualquer dor significativa faz isso. Sempre que se olha no espelho, você se pergunta, se questiona. À noite, quando não consegue dormir, ninguém vê as lágrimas que escorrem pelo seu rosto. Há dias em que acredito ter percorrido um longo caminho desde aquela menina que tinha pesadelos todas as noites, que se escondia no quarto quando seus tios ou diáconos da igreja vinham visitar sua mãe. Alguns dias são mais difíceis do que os outros. Nos dias mais escuros, sinto-me mais abatida do que nunca.

ATÉ QUANDO?

Sempre que estou lutando, abro a minha Bíblia. Tenho certeza de que isso lhe parece muito básico, mas, para mim, é vida e fôlego — não porque encontro respostas fáceis, mas porque encontro a mim mesma. Em todos os meus momentos de dúvida, de insegurança, eu me ancoro na Palavra de Deus e me lembro de que não estou só, mesmo quando me sinto como se estivesse. Os sentimentos podem nos contar mentiras poderosas.

Alguns dos salmos mais vulneráveis de Davi, os que trazem conforto e esperança, foram escritos quando ele mais se sentia só e abandonado não só por amigos, mas também por Deus. Em Salmos 13:1-3, ele escreve:

> Até quando, Senhor? Para sempre te esquecerás de mim?
> Até quando esconderás de mim o teu rosto?
>
> Até quando terei inquietações e tristeza no coração dia após dia?
> Até quando o meu inimigo triunfará sobre mim?
>
> Olha para mim e responde, Senhor meu Deus.
> Ilumina os meus olhos, do contrário dormirei o sono da morte.

Devo ter lido esse salmo uma centena de vezes, mas o que me impressionou nos últimos tempos foi o fato de que, embora Davi se sinta como se Deus o tivesse esquecido, é justamente para Deus que ele leva a sua queixa, o seu choro, a sua dor. Ele está exausto e deprimido, está fugindo do rei Saul, que quer matá-lo; está simplesmente no fim das suas forças. Ele não quer que Deus o ajude amanhã. Ele precisa de ajuda agora. Em seu desespero, sentindo-se tão só, Davi clama a Deus:

> Volta-te para mim e tem misericórdia de mim,
> pois estou só e aflito.
> As angústias do meu coração se multiplicaram;
> liberta-me da minha aflição (Salmos 25:16–17).

Quando estamos em um lugar tão solitário, quando continuamos clamando a Deus e não recebemos uma resposta, isso só agrava a dor de nos sentirmos sós. Todos nós já passamos por isso, em alguma medida ou outra. Clamamos quando

> um filho está doente
> um colega de trabalho está transformando nossa vida em um inferno
> um problema financeiro está completamente fora de controle
> um filho ou filha está em apuros

Sou grata por Davi não ter tentado esconder as muitas vezes em que se sentiu desesperadamente sozinho nos Salmos. Quando ele escreve sobre a sua profunda aflição, eu entendo isso. Eu sei que você também o entende. Uma coisa é orar por uma vaga de estacionamento no supermercado; outra bem diferente é orar quando o que você está sentindo é avassalador:

> ansiedade
> temor
> depressão
> desesperança
> tristeza
> solidão

Com Davi, gritamos: "Até quando? Até quando? Quando? Quando?". Feito Davi, sentimos como se Deus tivesse esquecido onde vivemos ou, talvez ainda pior, como se tivesse dado as costas para nós e estivesse olhando para o outro lado.

QUANDO VOCÊ GRITA DE DOR

O padrão de repetir desesperadamente o mesmo grito sem parar também se encontra em uma das passagens de maior dor nas Escrituras. E, mais uma vez, esse grito é levado para diante de Deus. Eu já escrevi sobre essa passagem em outros momentos, mas nesta temporada tenho visto coisas que nunca vi antes. No evangelho de Marcos, lemos isto:

> Então foram para um lugar chamado Getsêmani, e Jesus disse aos seus discípulos: "Sentem-se aqui enquanto vou orar". Levou consigo Pedro, Tiago e João, e começou a ficar aflito e angustiado. E lhes disse: "A minha alma está profundamente triste, numa tristeza mortal. Fiquem aqui e vigiem". Indo um pouco mais adiante, prostrou-se e orava para que, se possível, fosse afastada dele aquela hora. E dizia: "Aba, Pai, tudo te é possível. Afasta de mim este cálice; contudo, não seja o que eu quero, mas sim o que tu queres". Então, voltou aos seus discípulos e os encontrou dormindo. "Simão", disse ele a Pedro, "você está dormindo? Não pôde vigiar nem por uma hora? Vigiem e orem para que não caiam em tentação. O espírito está pronto, mas a carne é fraca". Mais uma vez ele se afastou e orou, repetindo as mesmas palavras. Quando voltou, de novo os encontrou dormindo, porque seus olhos estavam pesados. Eles não sabiam o que lhe dizer. Voltando pela terceira vez, ele lhes disse: "Vocês ainda dormem e descansam? Basta! Chegou a hora! Eis que o Filho do homem está sendo entregue nas mãos dos pecadores" (14:32–41).

Pare e releia essa passagem. Diversas vezes não damos a devida atenção a algumas passagens mais familiares das Escrituras porque pensamos: *Já conheço essa passagem. Eu sei como termina.* Cristo teve que passar por aquela noite, vivenciar cada minuto de cada hora. Que tal passar um momento com Cristo naquele jardim de lágrimas desesperadas? Ele sabia que estava cumprindo a vontade do seu Pai, mas, na sua humanidade, ajoelhou-se sozinho. Mesmo seus amigos mais próximos não conseguiram ficar acordados com ele. Você já reparou como, quando você se sente só, esse sentimento costuma ser mais intenso à noite? Penso em Jesus, na escuridão do jardim das Oliveiras, com a Lua como única fonte de luz, prestes a enfrentar o impensável.

Judas sabia para onde levar os soldados; sabia que Jesus costumava ir orar nesse jardim. Não havia jardins no interior das muralhas de Jerusalém. Os jardins exigiam fertilização, e isso não era permitido na cidade santa; era impuro. Um amigo deve ter convidado Jesus a entrar na privacidade do seu jardim.

O fato de que, quando Jesus orou, ele tenha feito referência a seu Pai como "Abba", uma palavra aramaica íntima para "Papai", é significativo para mim. É a única vez em todos os quatro evangelhos que ouvimos Jesus usar esse nome mais pessoal. Cristo conhecia a devastação que o esperava. Ele sabia como era brutal e cruel a morte na cruz e mesmo assim usou o termo mais íntimo para falar com seu Pai. Ele não se dirigiu ao Senhor como *Deus Todo-Poderoso*; Ele não o chamou de *Pai*. Pelo contrário, na sua dor, ajoelhando-se sozinho no jardim, Ele o chamou de "Papai". Ele suportou. Quando a sua humanidade clamava e implorava para que Ele soltasse, Ele persistiu.

Um dos meus autores favoritos quando eu tinha vinte e poucos anos era o escritor inglês Thomas Hardy. Meu livro preferido era *Tess dos D'urbervilles*, a história de uma jovem mulher que se via em uma série de circunstâncias desesperadoras devido ao mal dos outros. Todas as pessoas que deveriam tê-la defendido simplesmente a abandonaram. No final, ela gritou de dor, sozinha. No fim da sua trágica história, ela perde a vida. Uma das linhas finais de Hardy no livro é esta: "'Justiça' foi feita e o Presidente dos Imortais tinha terminado a sua brincadeira com Tess".[1] A primeira vez que li o livro e cheguei a essa linha, eu o joguei contra a parede do meu quarto.

Essa história era tão injusta, tão errada! E ninguém interveio para ajudar. A conclusão de Hardy é que os deuses só brincam com as pessoas. Esse não é o Deus ao qual você e eu servimos. Jesus sabia, mesmo quando se ajoelhou no Getsêmani com tudo o que tinha pela frente, que seu Pai não brinca com as pessoas. Deus não brinca conosco. Mesmo quando não conseguimos enxergar o plano, Ele continua sendo o nosso *Abba*, continua tendo um plano, e nós nunca, nunca estamos sós, mesmo quando parece que estamos.

---

1 HARDY, T. *Tess of the d'Urbervilles*. Toronto: HarperCollins, 2017. p. 312, Kindle.

Sou tão grata por Cristo nos ter permitido participar desse momento de sua agonia, das suas perguntas, da sua solidão... Assim como a nossa queda da graça começou em um jardim (o jardim do Éden), Cristo, o segundo Adão, colocaria uma peça que faltava na nossa história de redenção em um jardim. O jardim do Getsêmani é um bosque de oliveiras localizado aos pés do Monte das Oliveiras, a cerca de meia milha fora de Jerusalém. A palavra *Getsêmani* vem de uma palavra aramaica que significa "prensa de azeite". Cristo estava prestes a ser esmagado, tal como as azeitonas. Aprendi com *The Rock, The Road, and the Rabbi* (um livro que o rabino messiânico Jason Sobel escreveu com a minha amiga Kathy Lee Gifford) que as azeitonas passam por três prensas para extrair cada gota de azeite. "As três prensagens das azeitonas estão ligadas às três vezes em que Jesus pediu ao seu Pai celestial para que 'deixasse passar este cálice por mim'".[2] Cristo foi esmagado no jardim, caiu no chão encharcado de lágrimas e sangue três vezes para gritar em agonia. Lucas, o médico, nos informa que Ele estava em tal agonia, que suou gotas de sangue (Lucas 22:44).

Quando você está em um lugar no qual grita de dor, implorando que Deus ouça a sua oração, que mude a sua situação, que intervenha de uma forma que só Ele pode intervir e Ele não intervém, basta saber que Cristo também esteve nesse lugar. Não há nada que você e eu possamos enfrentar que Cristo não tenha enfrentado. Ele sentiu o peso da nossa dor e sabe o que é sentir-se completamente só. Quando Ele foi crucificado, conheceu isso em uma profundeza que nunca conheceremos. Esse era o único momento na história em que Cristo, o Filho de Deus, seria separado do seu Pai, ao tomar sobre si o pecado do mundo. Foi quando seu Pai se afastou. O Filho de Deus estava completamente só. Agonia.

AS MENTIRAS DA SOLIDÃO

Acredito que uma das coisas mais difíceis de suportar quando você está em um lugar solitário é ser mal compreendida. Você pode se sentir como

---

2 GIFFORD, K. L.; SOBEL, R. J. *The Rock, the Road, and the Rabbi*. Nashville: Thomas Nelson, 2018. p. 128, Kindle.

se alguém estivesse enfiando uma faca no seu peito. Durante vinte anos, fiz parte de uma equipe de mulheres palestrantes e professoras chamada *Women of Faith*. Foi um período incrível: nós nos apresentávamos em estádios lotados em até trinta fins de semana por ano. Éramos seis na equipe original e ficamos juntas durante a temporada final. Éramos como uma família. Christian tinha apenas seis semanas de idade na primeira conferência, por isso cresceu na companhia dessas mulheres incríveis. Quando seis mulheres com temperamentos, fraquezas e forças diferentes passam vinte anos juntas, há momentos que requerem mediação. Surpreendentemente, esses momentos foram poucos. Nós nos amávamos e nos apoiávamos mutuamente. Rimos muito e derramamos algumas lágrimas, mas uma situação me feriu e fez com que eu me sentisse só.

Se ao menos eu tivesse falado, aquilo teria se resolvido em um minuto, mas não foi o que fiz. É isso que a vergonha faz conosco. A vergonha pode nos calar quando deveríamos falar e nos libertar. A vergonha nos diz que não seremos compreendidos. A vergonha nos diz que não vale a pena falar por nós. A vergonha é uma mentirosa.

A Palavra de Deus contém a verdade.

Como equipe, trabalhamos com uma organização que patrocina crianças em diferentes partes do mundo e fomos convidadas a fazer uma viagem a um dos projetos com que vínhamos trabalhando na África para entender melhor seu trabalho. Algumas semanas antes da viagem, enquanto estudávamos o itinerário, descobrimos que teríamos dois dias livres no final, antes de voltarmos para casa. Todas estavam entusiasmadas com a possibilidade de explorar algo da beleza da África. Decidimos que, desde que estivéssemos todas de acordo, viajaríamos para uma reserva de caça a algumas horas de onde nos hospedaríamos, ficaríamos lá durante duas noites e viajaríamos para casa a partir dali. Obviamente, cada uma de nós arcaria com os custos dessa parte da viagem. Era bastante cara, mas todos achavam que valia a pena ver leões, elefantes e hipopótamos em seu hábitat. Todas disseram que topariam, mas, quando chegou a minha vez de responder, eu disse que não poderia ir. Ninguém esperava essa resposta da minha parte, uma vez que, em geral, eu topava qualquer aventura. Se eu não fosse, as outras também cancelariam a viagem. Compreensivelmente, elas ficaram frustradas comigo. Quando eu não expliquei o porquê, ficaram chateadas.

O que eu não lhes disse naquele dia foi que eu e Barry estávamos tendo problemas financeiros. Alguns meses antes, tínhamos comprado uma nova casa apenas um dia antes da venda da nossa casa antiga ser finalizada. O mercado imobiliário entrou em colapso, e a venda da nossa antiga casa não deu certo no último minuto, deixando-nos com a hipoteca de duas casas. Estávamos lutando até esgotar nossas forças. Todos os meus velhos sentimentos de insegurança e de aversão própria irromperam. Após a morte do meu pai, perdemos a casa da nossa família e passamos a viver um pouco acima do limite da pobreza. Eu tinha usado essa experiência como um rótulo, imaginando que todos poderiam ver. Ainda agora, como uma mulher adulta em uma comunidade de mulheres que me amavam, eu não conseguia dizer a verdade. Lembro-me de me desculpar, encontrar um banheiro vazio no fundo do estádio e chorar. Todas as mentiras da solidão gritavam na minha cabeça.

> Você não basta.
> Você não se encaixa.
> Você não faz parte.
> Você nunca será igual aos outros.
> A equipe ficaria melhor sem você.

Lembro-me de olhar para o meu relógio e perceber que o evento estava prestes a começar, por isso sequei os olhos e removi o máximo que pude de rímel das minhas bochechas. Dirigi-me até o palco e me sentei em meu lugar. Eu estava no meio de uma multidão de 17 mil mulheres, mas me sentia só. Eu fazia parte de uma equipe unida de seis mulheres, mas me sentia só.

Sentia-me incompreendida, mas não estava. Nunca me abri com elas e lhes disse o que estava acontecendo. Eu me imaginava rejeitada por elas, e, assim, eu as rejeitei.

Lembro-me de olhar para aquele estádio naquela noite e de me perguntar quantas mulheres também se sentiam sozinhas. Somos bastante habilidosas em nos arrumar e apresentar uma cara corajosa quando, muitas vezes, logo abaixo da superfície, estamos sofrendo.

Mais tarde, naquele fim de semana, falei com Barry sobre a viagem, e ele encontrou um caminho para permitir que ela acontecesse. Mas ainda assim não contei às outras o que se tinha passado comigo. Quase desisti a caminho do aeroporto para pegar meu voo para Joanesburgo e depois para Nairobi. Imaginei que elas ainda estavam aborrecidas comigo por arruinar a parte final da viagem.

Quando a insegurança e o medo estão ligados a uma dor não resolvida da infância, erguemos barricadas, isolamo-nos, escondemo-nos em aquários da nossa própria autoria. Imaginamos o que os outros estão pensando quando, muitas vezes, eles nem estão pensando em nós.

Quando estou escrevendo um livro, muitas vezes sinto o desejo de me sentar e conversar com cada mulher que o lê. Adoraria tomar uma xícara de chá com você e ouvir a sua história. Qual é o caminho que a trouxe até aqui? Você luta até esgotar suas forças com sua solidão? O que se passa na sua vida que a faz se sentir sozinha?

> Você pode se sentir só em um casamento.
> Pode se sentir só em uma família.
> Pode se sentir só em uma igreja.
> Pode se sentir só por causa de uma doença.
> Pode simplesmente se sentir só.

Acredito que não importa o que enfrentamos, a Palavra de Deus fala. Então, o que ela tem a nos dizer quando a vida desmorona e nós nos sentimos tão sós? Apesar de ver quebrantamento em mim e nos outros, apesar de haver circunstâncias na vida que não fazem sentido, eu sei disto: Deus é bom, Deus é amor, Deus está no controle. A Palavra de Deus é viva e pode nos ajudar a chegar até em casa.

ESPERAR ENQUANTO DEUS OPERA

Se você estiver em uma daquelas situações na vida em que o "Por quê?" é maior do que consegue suportar, sugiro que anote em uma folha de papel o que está acontecendo; coloque essa folha em uma caixa ou em um frasco e confie a Deus aquilo que você não entende. Ao escrever, reconheça que é verdade. Aquilo está acontecendo e você está esperando.

Foi o que eu tive que fazer. Mencionei que Barry e eu acabamos sendo donos de duas casas. O que eu não disse foi que fomos donos de duas casas durante mais de cinco anos. A pressão financeira era esmagadora, misturada com a culpa de termos comprado uma casa antes de vendermos a outra.

Sentimo-nos tolos. Sentimo-nos envergonhados. Estávamos desesperados. Oramos e imploramos para que Deus nos ajudasse a vender a nossa casa. Às vezes, ambos nos sentíamos sós. A pressão financeira coloca os melhores casamentos sob pressão. Tentamos proteger nosso filho do estresse, mas de vez em quando a pressão transbordava. Em vez de lidarmos juntos, como casal, com o que estava acontecendo, Barry e eu recuamos para os nossos próprios cantos seguros e familiares. Barry se sentia culpado e ansioso. Eu me sentia insegura e receosa. O círculo emocional estava me levando de volta à minha infância.

Após a morte do meu pai, o dinheiro era sempre escasso. Agora, odiei voltar para um lugar de insegurança financeira, porque isso fazia eu me sentir:

só
diferente
pobre
lamentável
envergonhada

A vergonha é uma besta esfomeada que conta mentiras convincentes. Ela nos diz que estamos sós; nos diz que todas as perguntas que fazemos sobre nós mesmas nos nossos momentos mais sombrios são verdade; nos diz que não fazemos parte; nos diz que seria melhor para todos se simplesmente não aparecêssemos. Ela me colocou de novo naquele vestido azul na noite em que me sentei sozinha em um campo.

A VERGONHA E O VESTIDO AZUL

Eu tinha 12 anos. Havia acabado de completar o que, na Escócia, chamamos de "escola primária", e estava prestes a entrar na escola secundária. Todos na minha turma estavam entusiasmados com o baile da escola — todos, menos eu. Eu não tinha um vestido para a festa e sabia que a minha mãe, que trabalhava com um orçamento muito limitado, não tinha dinheiro para comprar um. Fiz as pazes com isso até chegar em casa uma tarde. Minha mãe me disse que tinha comprado um vestido para a festa. Não consegui acreditar. Estava entusiasmada! Ela falou que estava na minha cama, por isso subi as escadas aos saltos. Abri a porta do meu quarto, e lá estava ele: o vestido azul. Tudo errado. A moda daquele ano exigia vestidos curtos e retos, e esse vestido tinha uma saia balão e uma grande fita de cetim azul amarrada nas costas. Meu coração se partiu.

Minha mãe tinha se sacrificado para comprar o vestido, por isso eu não podia ferir os sentimentos dela, mas também não podia enfrentar meus amigos da escola com esse vestido. Sentei-me no chão do meu quarto e chorei. Senti-me só. Na noite do baile, coloquei o vestido e desci as escadas com um grande sorriso estampado no rosto. Mamãe me disse que eu estava linda. Dei-lhe um abraço forte, agradeci e saí pela porta da frente. Era uma caminhada curta de cinco minutos até a minha escola, mas escolhi o caminho longo, pois não queria que nenhum dos meus amigos me visse. Sentei-me no campo nos fundos da escola e vi todos chegarem. Todas as moças estavam usando o vestido correto.

Fiquei sentada ali a noite inteira, até o fim do baile. Acho que nunca me senti tão só na minha vida. Não podia contar a ninguém: nem à minha família nem aos meus amigos. Não podia dizer à minha mãe que o vestido estava todo errado e não podia dizer às minhas amigas o quanto estava envergonhada. Lembro-me de falar com Jesus, apegando-me a Ele. Quando a festa terminou, fui a pé para casa e disse à minha mãe que tinha me divertido muito. Depois, chorei até adormecer. Hoje, sinto que deveria ter guardado aquele vestido feio.

Eu costumava dizer a mim mesma que eu não fazia parte. Agora sei que isso não é verdade nem para mim nem para você. Por causa de Jesus, nós fazemos parte; não estamos sós. Não temos todas as respostas e não somos imunes à dor, mas fazemos parte. Já não somos mais nadadoras solitárias em um aquário.

Uma noite, Barry e eu nos sentamos à mesa e anotamos tudo em uma folha de papel. Escrevemos o que precisávamos, escrevemos o que tínhamos e entregamos tudo a Deus. Pedimos o perdão e a graça dEle, mas, sobretudo, pedimos a sua presença. Não havia mais nada que pudéssemos fazer, por isso esperamos e esperamos. Cinco anos é muito tempo, mas nós nos apegamos a Cristo e nos apegamos um com o outro.

Talvez você esteja esperando por mais tempo ainda. O que aprendi nesse doloroso capítulo da nossa vida é que nunca esperamos sozinhos. Esperamos na presença de Deus, e, nessa espera, Deus está operando.

Agarrando-se à Esperança

1. Em tempos de solidão, agarre-se à Palavra de Deus.

2. A vergonha é uma mentirosa, mas a Palavra de Deus contém a verdade.

3. Esperamos na presença de Deus, e nessa espera Deus está operando.

Deus Pai,
Às vezes, sinto-me muito só. Obrigada por me amparar nesse tempo de espera.
Amém.

Persista quando Deus se cala

Meu Deus! Meu Deus! Por que me abandonaste?
Por que estás tão longe de salvar-me, tão
longe dos meus gritos de angústia?
Meu Deus! Eu clamo de dia, mas não respondes;
de noite, e não recebo alívio!
SALMOS 22:1-2

O silêncio da voz de Deus o levará a se perguntar
se Ele não se afastou. E a ausência da presença
de Deus o levará a se perguntar se Ele se
importa. Ele está perto e Ele se importa.
CHUCK SWINDOLL

Após confessar a solidão com que lidei durante a maior parte da minha vida, devo acrescentar que, por natureza, sou introvertida. Adoro estar com as pessoas, mas depois gosto de estar sozinha de novo. Barry não é introvertido. Ele adora estar com as pessoas e não gosta de estar sozinho. Barry acorda falando. Ele adormece falando. Ele fala quando estou lendo um livro. Ele fala durante meus programas de televisão favoritos. Ele é o perfeito extrovertido conversador. De alguma forma, ao longo dos anos, temos encontrado um jeito de conviver com nossas químicas diferentes. Foi difícil no início. Gosto de me retrair com um bom livro e de me perder na história, por isso as interrupções frequentes eram irritantes, particularmente quando a informação que ele me passava não parecia ser — como posso dizer — urgente.

"Acho que vai começar a chover dentro de algumas horas."
"Você acredita que gatos sorriem?"
"Vou lá fora cortar as minhas unhas."
"Olha essa linda foto de um pato e um burro."

Não consigo dizer quantas vezes lia e relia o mesmo parágrafo tentando voltar à narrativa do meu livro. Por isso, bolei um plano.

"Muito bem, vou lá para fora ler durante uma hora. Não saia, a menos que os cães estejam enlouquecendo. Não saia nem se a casa se encher de fumaça. A menos que haja chamas."

Estou brincando... mais ou menos.

Então 2020 nos atropelou como um caminhão e ficamos todos em casa, o tempo todo. Na nossa casa, éramos só nós dois e os nossos dois cães. O Tink é um *bichon frisé* de 14 anos... Ele é doce, não exige muitos cuidados e é introvertido como eu. Gosta do seu espaço. Maggie é uma *yorkshire* de seis anos que poderia ser descrita como um Barry com cauda. Ela late. Ela late se alguém vier à porta. Ela late se alguém passar pela nossa casa. Ela late se achar que alguém está passando pela nossa casa. Eu chamo isso de "latido preventivo". Quando ela não late, ela se deita no meu pé e conversa. Sei o que ela está dizendo.

"Acho que vai começar a chover dentro de algumas horas."

"Você acredita que gatos sorriem?"

"Vou lá fora cortar as minhas unhas."

"Olha essa linda foto de um pato e um burro."

Ao longo dos anos, Barry e eu temos encontrado um jeito de conviver confortavelmente um com o outro. Ele fala um pouco menos e eu falo um pouco mais. Essa é a alegria do casamento e com essa alegria vêm os sogros.

Quando conheci William e Eleanor, era evidente que seus papéis eram o contrário dos nossos. William era bastante calado e Eleanor era uma ruiva que tinha muito a dizer. Nunca esquecerei do café da manhã na sua casa em Charleston, na Carolina do Sul. Barry ainda estava dormindo, por isso éramos apenas nós três sentados em volta da mesa de carvalho na sua cozinha.

William me explicou a razão pela qual Eleanor mantinha almofadas grossas em cada cadeira.

"Ela pensa que, se você se sentir confortável, você a ouvirá por mais tempo!"

Eleanor lançou então um discurso de cinquenta minutos sobre todos que já tinham frequentado a sua pequena igreja luterana. Havia personagens fascinantes: alguns que ela considerava bons cristãos e outros que eram "fraudes perfeitas". Quando ela terminou, perguntei a William se ele queria acrescentar alguma coisa. Tudo o que disse foi: "A igreja fica naquela direção", e apontou para a janela.

Isso era típico de sua dinâmica. Achei ambos hilários, cada um à sua maneira. Eleanor tinha opiniões muito particulares sobre tudo, desde os pregadores de TV até o governo, passando por todos os pastores que tinham estado no púlpito da sua igreja. Mas ela foi silenciada quando o câncer invadiu sua vida.

NADA PRONTA PARA DIZER ADEUS

Eleanor foi diagnosticada com câncer aos sessenta e poucos anos. Implorou a Deus para que a curasse, mas o céu parecia surdo aos seus gritos. Ela questionou o amor de Deus por ela, porque não estava sendo curada. Lembro-me de uma conversa que tivemos no meio da noite, pouco antes da sua morte. Ela me disse que acreditava que, se eu tivesse câncer, Deus teria me curado. Choramos juntas naquela noite, enquanto eu lhe assegurava que Deus não me amava mais do que a amava. Então ela me fez esta pergunta: "Por que, então, Ele não responde às minhas preces? Há tanto tempo venho orando! Quero estar por perto para ver o Christian crescer".

Ficamos em silêncio durante algum tempo. Eu não tinha palavras, embora meu coração me doesse. Comecei a cantar um dos seus hinos favoritos e ela se juntou a mim. Sua voz era fraca, mas ela estava persistindo.

> Grande é a tua fidelidade, ó Deus, meu Pai;
> Não há sombra de variação contigo;
> tu não mudas; tuas misericórdias, elas não falham;
> como foste tu sempre será.
> Grande é a tua fidelidade!
> Grande é a tua fidelidade!
> Todas as manhãs novas misericórdias eu vejo.
> Tudo o que eu preciso tua mão tem me dado.
> Grande é a tua fidelidade, Senhor, a mim.

Alguns dias depois, Eleanor foi para casa, estar com Cristo, com aquele que a amava mesmo no silêncio. No dia do velório, Christian ficou com um amigo, pois tinha apenas três anos; William, Barry e eu fomos até a funerária. Eleanor parecia estar dormindo. Suas mãos estavam dobradas sobre o seu peito. Ela usava um terno creme e dourado que tinha vestido no nosso casamento. Seu belo cabelo ruivo, que nunca tinha apresentado um único fio grisalho, foi empurrado um pouco para trás na sua testa, por isso o puxei suavemente para baixo. A minha mão tocou o rosto dela. Estava frio. Finalmente, coloquei uma fotografia dela e de Christian na pequena almofada de cetim acima da sua cabeça — ela tinha pedido para colocar no seu caixão. "Muito bem, mamãe", eu disse. "Você conseguiu chegar em casa. Você persistiu."

Relutei com as perguntas de Eleanor por muito tempo. Por que o Céu se cala quando precisamos ouvir a voz de Deus? Por que Deus se recusa a curar quando pode curar? Será que Ele ama alguns de nós menos que outros? Por que Ele fica em silêncio justamente quando mais precisamos ouvir a Sua voz? Também me lembrei do silêncio dEle quando a minha mãe procurava respostas que nunca chegavam. Lutei com o silêncio de um Deus amoroso. Mergulhei profundamente nas Escrituras, mas muitas passagens que, no passado, me traziam conforto me deixaram mais só do que nunca.

Enfim, após semanas, encontrei ajuda no que me pareceu ser o lugar menos provável. É a história de um homem justo e piedoso que fez muitas perguntas e não recebeu uma única resposta. Ele queria respostas, mas Deus lhe deu muito mais. Deu a si mesmo.

QUANDO ACONTECE O INIMAGINÁVEL

Adoro como Philip Yancey introduz a história de Jó em seu livro *Disappointment with God* [Desiludido com Deus]: "Pode ser útil imaginar o livro de Jó como uma história de mistério, uma história de detetive do tipo 'quem é o culpado'. Antes do início da história em si, nós, o público, recebemos uma prévia, como se tivéssemos aparecido cedo para uma conferência de imprensa na qual o diretor explica o seu trabalho".³ Caso você não conheça a história de Jó, eis como começa esse conto de mistério:

> Na terra de Uz vivia um homem chamado Jó. Era homem íntegro e justo; temia a Deus e evitava o mal. Tinha ele sete filhos e três filhas, e possuía sete mil ovelhas, três mil camelos, quinhentas parelhas de boi e quinhentos jumentos, e tinha muita gente a seu serviço. Era o homem mais rico do oriente. Seus filhos costumavam dar banquetes em casa, um de cada vez, e convidavam suas três irmãs para comerem e beberem com eles. Terminado um período de banquetes, Jó mandava chamá-los e fazia com que se purificassem. De madrugada ele oferecia um holocausto em favor de cada um deles, pois pensava: "Talvez os meus filhos tenham lá no íntimo pecado e amaldiçoado a Deus". Essa era a prática constante de Jó (Jó 1:1–5).

Isso é um currículo e tanto. Honesto por dentro e por fora, totalmente dedicado a Deus. Jó é o tipo de marido que todas sonham em ter, o tipo de pai que cuida dos seus filhos, mas sua vida está prestes a tomar um rumo devastador. Antes de olharmos para o que aconteceu com ele, quero fazer uma pausa e ouvir o que o diretor disse ao público antes de a tragédia acontecer.

> Certo dia os anjos vieram apresentar-se ao Senhor, e Satanás também veio com eles. O Senhor disse a Satanás: "De onde você veio?". Satanás respondeu ao Senhor: "De perambular pela terra e andar por ela". Disse então o Senhor a Satanás: "Reparou em meu servo Jó? Não há ninguém na terra como ele, irrepreensível, íntegro, homem que teme a Deus e evita o mal". "Será que Jó não tem razões para temer a Deus?", respondeu Satanás. "Acaso não puseste uma cerca em volta dele, da família dele e de tudo o que ele possui? Tu mesmo tens abençoado tudo o que ele faz, de modo que todos os seus rebanhos estão espalhados por toda

---

3 YANCEY, P. *Disappointment with God*. Grand Rapids: Zondervan, 1988. p. 163.

a terra. Mas estende a tua mão e fere tudo o que ele tem, e com certeza ele te amaldiçoará na tua face." O Senhor disse a Satanás: "Pois bem, tudo o que ele possui está nas suas mãos; apenas não encoste um dedo nele". Então Satanás saiu da presença do Senhor (Jó 1:6–12).

Em um nível puramente humano, isso me parece uma traição. Por que Deus faria tal coisa? Por que permitiria que Satanás atacasse um homem que o amava com tudo o que havia dentro dele? Você já se sentiu assim alguma vez? Sei que eu, sim, particularmente em relação aos meus amigos Brent e Jennalee. Talvez você tenha observado um amigo que passava por uma coisa atrás da outra e tenha jogado as mãos para o alto, perguntando: "Por quê? Por que ele precisa sofrer tanto? Onde tu estás, Deus?".

Fazem-me frequentemente esse tipo de pergunta, e eu não tenho respostas perfeitas. Quando alguém está sofrendo e sofrendo; quando alguém sente como se Deus tivesse dado-lhe as costas... não há respostas suficientemente grandes para ajudar. Em momentos assim, não precisamos de respostas; precisamos da presença dEle. Precisamos da paz dEle. Precisamos uns dos outros.

Ao ler a história de Jó, percebi que eu a estava lendo com olhos diferentes do que quando era mais nova. Penso que quanto mais velhos ficamos, mais empatia temos pelos outros. O sofrimento lava nossos olhos para vermos o peso que os outros carregam. Quando perdemos pessoas que amamos, sentimos a perda que os outros enfrentam de forma mais aguda. Sempre vi Jó como um homem que amava a Deus, apesar de viver um sofrimento devastador. Ele era um homem de fé. Mas, dessa vez, eu o vi não apenas como uma figura do Antigo Testamento, mas como um homem real, um marido amoroso, um pai orgulhoso. Jó era um homem que não fazia ideia do que estava prestes a acontecer com ele. Nada poderia tê-lo preparado.

A maioria de nós se lembra de onde estava no dia 11 de setembro de 2001. É algo gravado na nossa memória coletiva, porque o que aconteceu naquele dia foi impensável, e a magnitude daquilo nos deixou sem fôlego. Tenho certeza de que Jó se lembraria exatamente de onde estava quando recebeu a notícia dos seus criados, porque isso também o derrubou.

O PIOR DOS TEMPOS

> Certo dia, quando os filhos e as filhas de Jó estavam num banquete, comendo e bebendo vinho na casa do irmão mais velho, um mensageiro veio dizer a Jó: "Os bois estavam arando, e os jumentos estavam pastando por perto, e os sabeus atacaram e os levaram embora. Mataram à espada os empregados, e eu fui o único que escapou para lhe contar!" Enquanto ele ainda estava falando, chegou outro mensageiro e disse: "Fogo de Deus caiu do céu e queimou totalmente as ovelhas e os empregados, e eu fui o único que escapou para lhe contar!" Enquanto ele ainda estava falando, chegou outro mensageiro e disse: "Vieram caldeus em três bandos, atacaram os camelos e os levaram embora. Mataram à espada os empregados, e eu fui o único que escapou para lhe contar!" Enquanto ele ainda estava falando, chegou ainda outro mensageiro e disse: "Seus filhos e suas filhas estavam num banquete, comendo e bebendo vinho na casa do irmão mais velho, quando, de repente, um vento muito forte veio do deserto e atingiu os quatro cantos da casa, que desabou. Eles morreram, e eu fui o único que escapou para lhe contar!" Ao ouvir isso, Jó levantou-se, rasgou o manto e rapou a cabeça. Então prostrou-se no chão em adoração (Jó 1:13–20).

Só posso imaginar o grito de agonia que deve ter saído da garganta de Jó. Não consigo vislumbrar esse tipo de dor. Para Jó e sua mulher, imagino que esse dia começou como qualquer outro. Era um dia calmo. Seus filhos estavam juntos na casa do seu mais velho, felizes. Adoramos quando os nossos filhos se dão bem. Também adoramos quando estão na casa de outra pessoa e podemos ter um pouco de paz e sossego. Depois, o mundo desabou. Tudo começou com alguém batendo à porta da frente.

É como aquele telefonema no meio da noite que faz o nosso coração saltar do peito.

É como sentar-se no consultório do seu médico à espera dos resultados dos seus exames. No momento que ele entra pela porta, você já sabe, pela expressão do rosto dele, que é a pior notícia possível.

É como aquele momento em que você percebe que, mais uma vez, não conseguirá completar a sua gravidez.

O primeiro empregado está sem fôlego de tanto correr para dar a terrível notícia. Antes que Jó consiga absorvê-la, já entra outra pessoa, depois outra. Quando o último criado entra pela porta, imagino lágrimas escorrendo pelo seu rosto.

"Foi um terrível acidente. Os seus filhos... se foram. Todos os seus filhos estão mortos."

Em poucos momentos, Jó deixou de ser um homem rico e pai de sete filhos e três filhas para ser alguém que perdeu tudo. Como um ser humano poderia suportar tanta dor e viver?

FATO OU FICÇÃO

Certo dia eu estava escrevendo na minha cafeteria preferida quando o homem da mesa ao lado me perguntou o que eu estava escrevendo. Eu lhe disse o título deste livro e expliquei que o capítulo no qual eu estava trabalhando era sobre a vida de Jó.

"Refere-se à história do Antigo Testamento?", perguntou ele.

"Sim, essa mesma", eu respondi.

"Você sabe que não é uma história verdadeira", disse ele. "É apenas uma história para ilustrar como a vida é difícil."

Descobri que ele não é o único que questiona se Jó era um homem de verdade. Se você investigar essa questão, descobrirá que muitas pessoas sugerem que o livro inteiro é uma história alegórica, uma parábola para nos ensinar uma lição, como a história do bom samaritano (Lucas 10:25–37) ou a do filho pródigo (Lucas 15:11–32). Eu não poderia discordar mais. Essas histórias foram claramente apresentadas como parábolas, mas a história de Jó, não.

Se ele nunca fosse mencionado em qualquer outra parte da Bíblia, talvez pudéssemos considerar essa possibilidade, mas Jó é mencionado duas vezes em Ezequiel, quando é citado ao lado de Daniel e Noé — não como personagem fictício (14:14,20) —, e novamente no Novo Testamento. Em Tiago 5:10-11, lemos isto:

> Irmãos, tenham os profetas que falaram em nome do Senhor como exemplo de paciência diante do sofrimento. Como vocês sabem, nós consideramos felizes aqueles que mostraram perseverança. Vocês ouviram falar sobre a paciência de Jó e viram o fim que o Senhor lhe proporcionou. O Senhor é cheio de compaixão e misericórdia.

Não há dúvida de que Jó era um homem real que enfrentou um sofrimento real em um nível que a maioria de nós nunca nem chegará perto. Não só isso, mas ele não fazia ideia de por que aquilo tinha acontecido. Na era do Antigo Testamento, a riqueza era vista como um sinal da aprovação de Deus e o sofrimento era visto como um sinal do julgamento de Deus. À luz desse sistema de crenças, como Jó entendeu essa perda catastrófica? Ele tinha feito tudo certo e tudo tinha corrido mal. Quando tudo aquilo em que você acredita sobre a forma como Deus funciona é destruído diante dos seus olhos, o que você faz?

ONDE FOI QUE EU ERREI?

Sei como o silêncio de Deus pode ser desesperador. Durante meses antes de ser hospitalizada com depressão clínica, eu não conseguia me livrar da tristeza esmagadora que estava sentindo. Todas as manhãs, quando acordava, sentia como se houvesse um peso de chumbo sobre o meu peito. Eu me perguntava quanto tempo poderia continuar vivendo dessa forma. Estava desesperadamente infeliz. Amava Deus, mas estava péssima. Decidi que precisava mostrar a Deus a minha seriedade e implorar para que Ele falasse comigo. Se havia algo na minha vida que estava me impedindo de conhecer a paz dEle, eu queria saber o que era. Por isso fiz a única coisa que sabia fazer.

Eu me licenciei do trabalho e jejuei e orei durante 21 dias. De manhã cedo, ia caminhar na praia deserta da Virgínia, onde vivia, e clamava a Ele.

Pai, se houver um pecado na minha vida do qual eu não esteja ciente, por favor, mostra-me e eu confessarei e me arrependerei.
Se houver alguém que eu precise perdoar, mostre-me, por favor.
Se houver amargura ou raiva no meu coração, por favor, mostre-me.
Se houver orgulho, por favor, mostre-me.
Se eu te desrespeitei de alguma forma, por favor, mostre-me.
Pai, por favor, fale comigo. Seja o que for, por favor, fale comigo. Preciso ouvir a Tua voz.

Fiz isso durante 21 dias. Mas Deus permaneceu calado.

Nenhuma repreensão.
Nenhum consolo.
Nada.

Você já passou por isso?

Você está lutando financeiramente e só precisa de uma palavra de Deus. Silêncio.
Seu filho está doente e você está implorando a Deus para que Ele o cure. Silêncio.
Você precisa de orientação na sua vida. Silêncio.
Devo aceitar esse emprego ou não? Devo mudar-me ou não? Silêncio.
Seu mundo está desmoronando. Silêncio.

Quando os dias se arrastam e se transformam em semanas, lutamos com o que acreditamos ser verdade. Acreditamos que Deus é amoroso e misericordioso. Acreditamos que Ele é um Deus que consola. Acreditamos que Ele cuida de nós. Acreditamos que Ele fala com seu povo. Acreditamos; no entanto, vivemos com o silêncio de Deus. É por isso que quero que olhemos mais de perto para o silêncio de Deus na vida de Jó. Ele durou muito tempo, mas sua história tem um final surpreendente. A peça do quebra-cabeças que Deus pôs no lugar de Jó tirou-lhe o fôlego.

A BATALHA

Você ficou surpresa quando leu que Satanás foi autorizado a entrar na sala do tribunal do céu? Eu fiquei quando li isso pela primeira vez. Que imagem bizarra. A criatura mais maligna foi autorizada a entrar na presença do Santíssimo. Não só lhe foi permitida a sua presença, como também lhe foi permitido ter uma conversa com Deus e acusar um dos seus servos. Sabia que Satanás continua fazendo isso? Até Satanás ser lançado de uma vez por todas no lago de fogo, ele continuará falando com Deus, acusando todos aqueles que amam a Jesus de serem infiéis e de estarem prestes a desistir. Em Apocalipse, lemos isto: "Então ouvi uma forte voz do céu que dizia: 'Agora veio a salvação, o poder e o Reino do nosso Deus, e a autoridade do seu Cristo, pois foi lançado fora o acusador dos nossos irmãos, que os acusa diante do nosso Deus, dia e noite'" (12:10). Sempre achei que, quando Satanás é chamado de "acusador do povo de Deus", isso significa que ele nos ataca com condenação. Tenho certeza de que isso é verdade, mas há um debate maior acontecendo no céu. No tribunal do céu, ele está nos acusando diante de Deus, nosso Pai, dia e noite, dizendo que não permaneceremos firmes até o fim, que o negaremos, que nos afastaremos da nossa fé, que desistiremos. Consegue imaginar essas acusações?

Faça o casamento dela desmoronar, e ela te amaldiçoará!

> Permita que ela adoeça, e ela te amaldiçoará!
> Deixe-me fechar a porta para este emprego, e ela te amaldiçoará!
> Permita a falência dela, e ela te amaldiçoará!

Troque as frases com a sua própria história. Satanás está determinado a devastar a nossa fé e a fazer-nos desistir de Jesus.

Deus disse a Satanás que Jó era o melhor homem do mundo. Sempre mentiroso e acusador, Satanás zombou da integridade de Jó. "Veja como ele é rico", disse ele, insinuando que a única razão pela qual Jó amava a Deus era o fato de ele ser o homem mais rico do planeta. A acusação de Satanás era esta: "Tira tudo o que ele tem e ele te amaldiçoará na tua cara".

Deixe-me parar um instante e sentar-me com você. Não sei pelo que você já passou ou está prestes a passar. Não sei o que a levou a pegar neste livro. Quero que saiba disto: quando se está atravessando sofrimento, perda, dor e tristeza, e ainda assim decide amar a Deus, todo o céu comemora. Quando você se ajoelha, mesmo com perguntas nos lábios e lágrimas no rosto, e adora a Deus, você está sendo observada e suas ações são admiradas pelos anjos. Mesmo no silêncio, você está sendo amparada.

Coisas que até os anjos anseiam observar (1 Pedro 1:12).

Quando Jó caiu no chão, ele não fazia ideia de que os exércitos do céu e do inferno estavam observando para ver como ele reagiria à sua perda devastadora. Ele não sabia que Satanás tinha apostado contra ele.

Imagino que Satanás se sentia bastante confiante nessa aposta. Jó não só tinha perdido toda a sua riqueza, ele também precisou enterrar os seus dez filhos. Ter de enterrar um filho é trágico, mas perder todos eles em um único instante é inimaginável.

Pense nisso. A maioria dos comentaristas concorda que Jó viveu antes da época de Moisés, portanto ele não tinha nenhuma lei de Deus, nenhum Gênesis, nenhuma Escritura. A que ele se agarrou? Como ele conheceu Deus? Onde obteve a sua fé? Isso é apenas parte da maravilha de Deus. Ele sempre foi capaz de se revelar às pessoas. Quanto mais eu estudava, mais peças Deus começava a pôr em seu lugar. Ele fez isso por Jó e ainda o faz hoje por nós. Há muitas histórias vindas do Irã sobre como o próprio Cristo aparece às pessoas em sonhos.

> Creio que Jesus anda pelas ruas do Irã tal como andou pelas cidades e aldeias de Israel — é espantoso como milhares de iranianos estão conhecendo o Senhor. A igreja no Irã é a que mais cresce no mundo.[4]

O conhecimento de Deus por parte de Jó estava ancorado em tudo que Deus tinha revelado a ele. Ele amava a Deus, mas nunca chegou a

---

4 "IRAN: 'Jesus Is Walking in the Streets of Iran'". *Church in Chains*, 18 de setembro de 2015. Disponível em: https://www.churchinchains.ie/news-by-country/middle-east/iran/iran-jesus-is-walking-in-the-streets-of-iran/. Acesso em: 20 jun. 2022.

experimentar a parte da história que nós conhecemos. Jó viveu antes da vida, morte e ressurreição de Cristo. Temos muito mais peças do quebra-cabeças à nossa disposição do que Jó. Somos chamados a viver pela fé, mas Jó foi chamado a viver pela fé em uma profundeza que nunca conheceremos.

Nos tempos bíblicos, o cabelo era visto como a glória de um homem ou de uma mulher. Jó raspou a cabeça, rasgou o seu manto em luto e caiu no chão. Imagino-o deitado de barriga para baixo. Sua glória desapareceu. Mas, mesmo na profundeza do seu luto, ele adorou: "Saí nu do ventre da minha mãe, e nu partirei. O Senhor o deu, o Senhor o levou; louvado seja o nome do Senhor" (Jó 1:21).

Ele olhou para o momento em que deu o seu primeiro suspiro. Olhou para o dia em que iria dar o seu último suspiro e depois adorou o Senhor. Como foi capaz de fazer isso? Sinceramente, não tenho uma boa resposta. Deus guarda esse mistério. Deus sabia o que estava em Jó; Ele conhecia a sua integridade, o seu caráter, ou nunca teria permitido que Satanás fizesse o que fez. O atormentador deve ficar muito atormentado quando nós adoramos a Deus, mesmo em meio àquilo que não compreendemos.

Satanás não pode atingir a Deus, por isso o seu plano é atingir a forma como nós vemos Deus. Isso é muito importante. Satanás não tem o poder de afetar a Deus, mas, se conseguir que olhemos para as nossas circunstâncias, para aquilo que não compreendemos, questionando-nos a respeito do amor de Deus, ele obterá uma vitória. Questionar a bondade de Deus é uma pequena vitória, mas, se ele conseguir que nos afastemos da nossa fé, ele obterá uma vitória infernal. Eu digo: em nome de Jesus, não! Não permitiremos isso!

Dei a este livro o título *Persista e não desista* porque haverá momentos em que você poderá se sentir tentada a desistir. Momentos em que a sua fé estará por um fio. Nessas horas, diga o nome de Jesus em voz alta. Invoque o nome do Senhor. Lembre-se de que há uma batalha acontecendo por cada um de nós. É uma batalha que se tornará mais intensa à medida que o tempo de Satanás estiver se esgotando. Nunca se esqueça de que Jesus, nosso Sumo Sacerdote, está orando por você e que aquele que está em você é maior do que aquele que está no mundo.

Mas, visto que vive para sempre, Jesus tem um sacerdócio permanente. Portanto ele é capaz de salvar definitivamente aqueles que, por meio dele, aproximam-se de Deus, pois vive sempre para interceder por eles (Hebreus 7:24-25).

E nunca se esqueça de que, quando nenhuma palavra sair da sua boca e você não conseguir se expressar, o Espírito Santo está intercedendo por você.

Da mesma forma o Espírito nos ajuda em nossa fraqueza, pois não sabemos como orar, mas o próprio Espírito intercede por nós com gemidos inexprimíveis. E aquele que sonda os corações conhece a intenção do Espírito, porque o Espírito intercede pelos santos de acordo com a vontade de Deus (Romanos 8:26-27).

A BATALHA CONTINUA

Jó passou com excelência em seu teste de fé brutal, mas seu sofrimento ainda não tinha acabado. Mais uma vez, Satanás se apresentou diante de Deus.

Disse então o Senhor a Satanás: "Reparou em meu servo Jó? Não há ninguém na terra como ele, irrepreensível, íntegro, homem que teme a Deus e evita o mal. Ele se mantém íntegro, apesar de você me haver instigado contra ele para arruiná-lo sem motivo". "Pele por pele!", respondeu Satanás. "Um homem dará tudo o que tem por sua vida. Estende a tua mão e fere a sua carne e os seus ossos, e com certeza ele te amaldiçoará na tua face." O Senhor disse a Satanás: "Pois bem, ele está nas suas mãos; apenas poupe a vida dele" (Jó 2:3-6).

"Você pode fazer com ele o que quiser, só não o mate."
São palavras difíceis de ler. Seriam palavras insensíveis vindas de um inimigo, mas, vindas de Deus, elas nos atingem duramente. Não sabemos quantos dias se passaram entre as duas reuniões no céu, mas imagino

que não tenham sido muitos. Satanás tinha perdido sua primeira aposta, por isso tenho certeza de que ele queria assolar Jó enquanto este ainda estava abatido. Deus lhe disse que Satanás não poderia matar Jó, mas ele foi até o limite e não perdeu tempo. "Saiu, pois, Satanás da presença do Senhor e afligiu Jó com feridas terríveis, da sola dos pés ao alto da cabeça" (Jó 2:7).

Deve ter sido uma agonia terrível. Você consegue se imaginar acordando uma manhã coberto de chagas? Estão no seu couro cabeludo, na sola dos seus pés. Estão cobrindo suas costas, onde não consegue alcançá-las. Lemos em Jó 2:8 que Jó deixou a sua casa luxuosa e foi para o lixão da cidade. Ao sentar-se entre as cinzas, raspou a sua pele com um caco de cerâmica. Ele deve ter sofrido muita dor.

No seu estudo sobre a vida de Jó, Warren Wiersbe nos ajuda a imaginar o lugar devastador em que Jó se sentou: "Ali, o lixo da cidade era depositado e queimado, e ali os rejeitados da cidade viviam, pedindo esmola a quem quer que passasse. No monte de cinzas, os cães lutavam por qualquer comida, e o estrume da cidade era trazido para cá e queimado. O cidadão mais importante da cidade vivia agora em pobreza e vergonha abjeta".[5] Chuck Swindoll resume tudo com perfeição: "Em suma, Jó tornou-se *'Marco Zero'* em forma humana".[6]

Isso foi demais para a esposa de Jó. A Bíblia nos conta a história de Jó, mas é também a história dela. Foi ela quem deu à luz aquelas crianças. Ela ficou ao lado do marido e chorou sobre dez montes de terra. Ela era a primeira-dama da comunidade, casada com o homem mais respeitado da região. Agora perdeu tudo, incluindo o marido. Era difícil reconhecer o homem miserável que estava sentado no meio do lixão. "Então sua mulher lhe disse: 'Você ainda mantém a sua integridade? Amaldiçoe a Deus, e morra!'" (Jó 2:9).

Era isso que Satanás estava esperando. Era isso que ele queria. Imagino os exércitos do céu e do inferno à espreita, à espera. Será que ele seguirá o conselho da esposa? Ela é muito criticada em muitos textos teológicos pelo que disse, mas parte de mim compreende o desespero

---

5   WIERSBE, W. W. *Be Patient*. Colorado Springs: Chariot Victor Publishing, 1991. p. 19.
6   SWINDOLL, C. R. *Great Lives: Job*. Nashville: Thomas Nelson, 2004. p. 34, Kindle.

dela. Alguma vez você teve que assistir ao sofrimento de alguém que ama? Há momentos em que o sofrimento humano é tão grande e a qualidade de vida é tão baixa que pedimos a Deus que Ele leve uma pessoa para a casa divina. E, no entanto, isso é diferente. Não era uma oração por alívio; era uma renúncia à fé. Ela estava dizendo a Jó: "Solte. Você já persistiu o suficiente. Desista!".

"Ele respondeu: 'Você fala como uma insensata. Aceitaremos o bem dado por Deus, e não o mal?' Em tudo isso Jó não pecou com os lábios" (Jó 2:10).

EU VI VOCÊ COM MEUS PRÓPRIOS OLHOS

O livro de Jó é um dos mais longos da Bíblia. Há alguns comentários bíblicos maravilhosos e profundos que desdobram toda a história. Eles traçam o terrível sofrimento de um homem inocente. Explicam para nós o papel dos amigos de Jó que vieram se sentar em *shiva* (o ato de sentar-se em bancos baixos durante os momentos de luto) com ele durante sete dias e sete noites antes de começarem a falar. Não trouxeram qualquer conforto. Seus amigos tinham uma teologia particularmente punitiva. Talvez você tenha experimentado isso em sua própria vida.

Você está sofrendo. Deus é bom. Portanto, você deve ter feito algo de errado.

É maravilhoso estudar o texto inteiro, mas não é esse o meu propósito aqui. Há apenas uma coisa a qual quero que nos apeguemos das seguintes perguntas válidas e sinceras:

> Como um Deus bom pode permitir que coisas más aconteçam com aqueles que o amam?
> Por que Deus se cala justamente quando mais precisamos dEle?
> Por que Deus não respondeu a nenhuma das perguntas de Jó?

Precisamos passar para o fim da história de Jó e ouvir a última coisa que ele diz: "Meus ouvidos já tinham ouvido a teu respeito, mas agora os meus olhos te viram. Por isso menosprezo a mim mesmo e me arrependo no pó e na cinza" (Jó 42:5–6).

O que aconteceu? O que aconteceu para que Jó retirasse tudo o que tinha dito, retirasse todas as perguntas que tinha feito? Do capítulo 3 ao capítulo 37, vemos um lado diferente de Jó: não o adorador, mas o questionador. Ele questiona por que nasceu. Ele luta com a sua inocência diante de Deus. Ele está furioso com os seus amigos. Ele exige que Deus abandone o silêncio e lhe responda. Deus não responde a uma única pergunta. Ele faz muito mais. Ele retira a cortina que separa a nossa humanidade limitada e o seu poder e glória divinos e permite que Jó vislumbre quem Deus é. Jó fica sem palavras. Embora Deus nunca responda às suas perguntas, ele deixa claro, aos amigos que tinham criticado Jó por fazer perguntas tão ousadas, que Jó disse a verdade.

> Meu servo Jó orará por vocês; eu aceitarei a oração dele e não farei com vocês o que vocês merecem pela loucura que cometeram. Vocês não falaram o que é certo a meu respeito, como fez meu servo Jó (Jó 42:8).

A história de Jó tem um final feliz. Sua riqueza é o dobro do que ele tinha antes, a sua esposa dá à luz mais sete filhos e mais três filhas, e ele vive mais 140 anos. Nem todas as histórias difíceis têm esse tipo de final, mas não creio que seja esse o objetivo da história. Acho muito útil o que escreve Warren Wiersbe:

> Não devemos interpretar errado esse capítulo final e concluir que cada julgamento terminará com todos os problemas resolvidos, com todos os ressentimentos perdoados e com todos vivendo "felizes para sempre". Nem sempre é o que acontece! Esse capítulo nos assegura que, não importa o que aconteça conosco, *Deus sempre escreve o último capítulo.*[7]

Nunca tenha medo de levar suas perguntas a Deus. Tal como a minha sogra, Eleanor, lute contra o silêncio. Saiba apenas que está sendo ouvida

---

7   WIERSBE, W. W. *The Wiersbe Bible Commentary OT*. Colorado Springs: David C. Cook, 2007. p. 867, grifos no original.

e que está sendo amparada. Temos de nos apegar à gloriosa verdade que é maior do que a nossa dor: Cristo, o Cordeiro perfeito de Deus, aquele que criou o mundo, está conosco agora mesmo. Mesmo quando não podemos ver o seu plano, Ele está operando. Mesmo quando não podemos sentir a sua presença, Ele está operando.

Alexander Solzhenitsyn foi um prisioneiro político na Rússia durante anos. Foi forçado a trabalhar doze horas por dia com pouca comida. Um dia ele estava exausto demais para continuar, então caiu de joelhos, sabendo que seria espancado quando os soldados o vissem. Um companheiro de prisão, também crente em Cristo, pegou na sua bengala e, com a ponta, desenhou uma cruz na areia. Enquanto Solzhenitsyn refletia sobre o sacrifício de Jesus, ele se levantou e continuou.[8]

Minha cara amiga, você não está só. Deus está com você, mesmo no silêncio. O céu está olhando para você, torcendo por você. Com a cruz de Cristo diante de nós, persistiremos e não desistiremos. Nós nos apegaremos a Jesus.

---

8 VERONIS, F. L. "The Sign of the Cross". Sermão, St. George's Church, Durres, Albania, 19 de março de 2017.

Agarrando-se à Esperança

1. Mesmo no silêncio, você está sendo amparada.

2. O Céu está observando. Adore, mesmo em meio àquilo que você não entende.

3. Mesmo quando não conseguimos ver o plano de Deus, Ele está operando. Mesmo quando não conseguimos sentir sua presença, Ele está operando.

Deus Pai,
Obrigada por estares comigo mesmo no silêncio.
Amém.

Persista quando você está com medo

Por isso não tema, pois estou com você;
não tenha medo, pois sou o seu Deus.
Eu o fortalecerei e o ajudarei;
Eu o segurarei com a minha mão direita vitoriosa.
ISAÍAS 41:10

Das dificuldades nascem os milagres.
JEAN DE LA BRUYERE

As pessoas muitas vezes me perguntam como acabei vivendo na América do Norte, cantando, escrevendo livros, palestrando e apresentando programas de televisão. Em retrospectiva, nunca tive a intenção de fazer nenhuma dessas coisas; elas simplesmente... aconteceram. As portas se abriam e eu passava. Fui para o seminário em Londres aos 18 anos, com o objetivo de treinar para ser missionária na Índia, porque não conseguia pensar em nada que me aterrorizasse mais. Não conseguia viajar mais do que alguns quilômetros em um carro sem vomitar (algo que começou depois da morte do meu pai); como as mulheres na Índia são maltratadas (na verdade, a Índia é definida como o pior país do mundo para uma mulher[9]), parecia ser o presente perfeito para dar a Deus.

Eu tinha uma visão muito confusa do amor de Deus. Na minha mente jovem, tinha determinado que, se seu próprio pai que a amara no passado podia repentinamente passar a odiá-la, então Deus também era capaz disso. Eu acreditava que, se fizesse algo de que tinha medo, então Ele ficaria feliz comigo. Mas, quando me formei, em vez de ir para Calcutá, Deus redirecionou meus passos para trabalhar com os Jovens Para Cristo

---

9 NARAYAN, D. "India Is the Most Dangerous Country for Women. It Must Face Reality". *The Guardian*, July 2, 2018. Disponível em: https://www.theguardian.com/commentisfree/2018/jul/02/india-most-dangerous-country-women-survey. Acesso em: 20 jun. 2022.

na Europa como cantora em uma banda. Senti-me muito confortável como cantora de apoio, mas depois meu chefe sugeriu que eu gravasse um *single* e o estreasse em um festival que se aproximava. Nunca me esquecerei dessa apresentação, pois tive que esconder um balde atrás do piano para vomitar entre as canções. Fiquei aterrorizada, mas o disco alcançou muito sucesso na rádio britânica e fui convidada a apresentar um programa de música *gospel* na televisão da BBC. Isso me levou ao incrível privilégio de cantar nas cruzadas de Billy Graham. Depois, o chefe de uma gravadora cristã norte-americana me ofereceu um contrato e me convidou a fazer uma turnê pelos EUA. Tudo isso me aterrorizava, mas a América do Norte me fascinava. Para mim, era a terra dos *cowboys* e da liberdade, de uma bandeira com estrelas e da Disneylândia.

Assim, após algumas turnês de sucesso, mudei-me para a América do Norte aos meus vinte e poucos anos. Tudo era diferente, muito maior do que em minha pequena cidade escocesa. Os carros eram maiores. As estradas eram maiores. O cabelo era maior. A comida era maior. No entanto, as bebidas, estranhamente, eram menores. Tomei consciência disso quando aterrizei em Los Angeles e pedi um refrigerante em um restaurante de *fast-food* no aeroporto. Quando vi quanto gelo havia na minha bebida, pensei que a moça estava tentando me enganar, privando-me da minha Coca-Cola *diet*.

"Posso ser escocesa", eu disse, "mas não sou boba. Um cubo de gelo basta, obrigada."

A moça olhou para mim como se eu tivesse chegado não da Escócia, mas de outro planeta. Ela derramou a minha bebida e me deu outra com um cubo de gelo.

"Obrigada e que Deus abençoe a América!", eu disse.

(Só para a sua informação: se alguma vez decidir visitar a Escócia, terá que pedir mais gelo na sua bebida, porque um cubo é tudo o que receberá.)

Instalar-me na minha nova vida na Califórnia foi emocionante. Eu adorava o clima e a praia e todas as pessoas que passeavam com seus cães. A primeira coisa que tinha estado na minha lista de desejos durante anos era ter um cão. Tive um cachorro aos quatro anos, a Heidi, e ela era uma *dachshund* preta e caramelo. Mas, quando meu pai teve o primeiro AVC, a tendência da cadela de morder os chinelos dele no quarto significou que ela teve que voltar para a fazenda onde meus pais a tinham buscado. Eu nunca superei isso e tinha ansiado por ter um cão meu durante anos. Mas havia um problema. Eu tinha vindo para a América do Norte como artista cristã contemporânea e vivia na estrada. Não era justo sempre estar tão longe. Mas depois um telefonema mudou tudo.

PRECISO DE TRÊS VESTIDOS CRISTÃOS

Eu tinha estado no Canadá cantando em uma cruzada de Billy Graham; quando voltei para o meu apartamento, havia uma mensagem na minha secretária eletrônica. (Se tiver menos de trinta anos, talvez queira perguntar aos seus pais o que é isso.) A mensagem era um convite para voar até Virginia Beach, na Virginia, na semana seguinte, para ajudar a apresentar um programa chamado *The 700 Club* por três dias. Eu não fazia ideia do que era esse programa, por isso fiz uma pequena pesquisa. Após assistir a alguns episódios, uma coisa estava muito clara: eu não tinha o guarda-roupa certo para aquilo.

Como artista contemporânea *new-wave*, meu armário estava cheio de calças de couro, o que não era o material apropriado para um programa de entrevistas cristão naquela época. Por isso, fui ao *shopping* em busca de uma loja que eu tinha evitado como a peste quando vivia na Escócia: Laura Ashley. Se não estiver familiarizado com esse rótulo que é amado por muitos, basta pensar em flores, flores e mais flores. No segundo andar do shopping, encontrei a loja, cujas vitrines explodiam em flores. Fui diretamente até a jovem no caixa e compartilhei a minha situação de emergência.

"Preciso de três vestidos cristãos, e preciso deles agora."

Ela parecia saber imediatamente do que eu estava falando e trouxe três dos seus modelos mais recentes, que eu comprei e levei para casa. Nem sequer os experimentei. Pensei que fazê-lo poderia ser desencorajador demais. Apenas sabia que ia parecer um jardim botânico ambulante.

No domingo, peguei o avião para Virginia Beach e me encontrei com dois dos produtores do *The 700 Club* naquela noite. Eles me acompanharam no *show* no dia seguinte, que eu apresentei com Pat Robertson. O meu primeiro dia no ar deixou muito a desejar. Sentei-me no estúdio naquela manhã e o diretor iniciou a contagem regressiva em... cinco, quatro, três, dois, um. Nunca orei tão fervorosamente pela volta de Cristo como naquele dia. Eu claramente não estava a par dos acontecimentos políticos atuais e usei palavras que não faziam sentido para um público norte-americano.

Depois do show, Pat e sua esposa me levaram para almoçar e, para a minha surpresa, ele me disse que acreditava que eu era a pessoa certa para o trabalho e me ofereceu um emprego fixo como sua coapresentadora. Isso era muito emocionante, mas um pouco assustador. Teria que me mudar para uma cidade a quase 3 mil quilômetros da Califórnia e a ideia de estar na televisão ao vivo cinco dias por semana era aterrorizante. Deus tinha aberto muitas portas nas quais eu nunca teria batido e, mesmo quando passava por cada uma delas, eu tinha medo. Ainda me sentia igual àquela menina de cinco anos que tinha medo de ser reconhecida. E se alguém visse a rachadura na minha alma? Mas então Pat disse algo que diminuiu o meu medo um pouquinho: "Não terá mais que viajar tanto".

Eureca! Imediatamente pude ouvir o barulho de quatro patas minúsculas.

Dei-lhe o nome de Charlie. Ele era um *west highland white terrier*. Os *westies* são cachorros pequenos e maravilhosos. Originários da Escócia, estão se tornando uma raça cada vez mais popular nos EUA. São engraçados, leais e corajosos. Ele tinha oito semanas quando o peguei e foi amor à primeira vista. Mas, quando Charlie tinha apenas dois anos, quase o perdi.

AGARRE E NÃO SOLTE

Estávamos brincando com uma bola no parque do nosso bairro quando eu a atirei para longe demais e ela invadiu a rua. Charlie correu atrás na velocidade da luz. Chamei o seu nome o mais alto que pude e fui atrás dele. Alcancei a rua a tempo de ver a bola cair em um dreno de escoamento; enquanto Charlie olhava para dentro, escorregou e, para meu horror, caiu no dreno. Atravessei a rua e coloquei o meu braço dentro do dreno para ver se conseguia tocá-lo. Não conseguia. Era um tipo de dreno estreito, mas profundo, que corria por baixo da calçada com uma pesada tampa de esgoto no topo. Havia um buraco na tampa, por isso me deitei de barriga para baixo e olhei para ver se conseguia enxergá-lo. Ele estava empoleirado em uma saliência estreita, cerca de um metro abaixo de mim, molhado, sujo e gemendo.

Parti as unhas ao tentar levantar a tampa de esgoto, mas era pesada demais. Então corri para a casa de um vizinho. Perguntei se podia me ajudar. Ele tirou um pé de cabra da sua garagem e, com seu filho adolescente, me seguiu até onde Charlie estava preso. Quando tiraram a tampa de esgoto, pude ver o meu precioso cãozinho tremendo de frio. Eu sabia que, se ele escorregasse daquele parapeito molhado, estaria perdido para sempre.

O pai bolou um plano e o filho concordou. Ele disse que iria segurar as pernas do seu filho e baixá-lo pelo ralo, já que o rapaz era alto e magro. Nunca me esquecerei desse momento. "Está bem", eu disse, com lágrimas escorrendo pelo meu rosto. "Quando o alcançar, agarre-o e não o solte. Não importa onde o agarrar, basta agarrá-lo. Mesmo que ele rosne ou se mexa, não o largue."

Ele acenou com a cabeça, depois me abraçou inesperadamente — uma coisa simples que me tocou de forma profunda.

O filho se deitou na calçada, e depois seu pai o baixou pelo ralo, agarrando-o firmemente pelos tornozelos. Ouvi Charlie latir quando foi alcançado; depois o rapaz pediu que seu pai o puxasse para cima.

Quando ele apareceu segurando o meu cachorrinho assustado, eu abracei os dois. Agradeci ao pai e ao seu filho do fundo do meu coração e fiz uma nota mental para dar um presente ao rapaz.

Naquele momento, eu teria lhe doado um rim. Segurei o Charlie até chegar em casa; quando entramos pela porta da frente, deitei-me no chão e chorei. Charlie me lambeu sem parar; ao que tudo indicava, tinha sobrevivido ileso à sua grande aventura, embora precisasse urgentemente de um banho. Ele ainda estava tremendo de medo.

Alguma vez você já esteve em uma situação parecida? Em uma situação em que literalmente tremia de medo? O seu coração está prestes a saltar pela sua garganta, você não consegue pensar claramente, há um zumbido nos seus ouvidos e você mal consegue se mexer. Há muitas situações que nos levam a esse estado.

Quando você está prestes a ser levada para a sala de cirurgias sem garantia de um resultado positivo.

Quando está prestes a assinar os documentos do divórcio que nunca quis assinar.

Quando está prestes a entrar em um tribunal para ouvir a sentença proferida contra o seu filho acusado de traficar drogas.

Quando seu salário está três meses atrasado e você tem medo de ser despejada.

Quando não consegue dormir porque não faz ideia de onde está o seu filho nessa noite.

Ou talvez você esteja em um lugar como Charlie, em que, se alguém não o agarrar agora e não o segurar firme, você não sobreviverá.

O medo é uma das emoções mais intensamente sentidas que experimentamos como humanos. Pode nos levar a correr ou nos paralisar, congelando-nos no lugar. Muitas vezes, o medo é causado por aquilo que não conseguimos controlar. Penso que, a essa altura da vida, todos nós entendemos: nunca estamos realmente no controle. Mas ainda há momentos em que essa realidade se torna cristalina, e a situação que enfrentamos é tão imprevisível e tão devastadora que somos tomadas pelo medo.

TREMENDO DE MEDO

Conheço muito bem os salmos em que Davi compartilha a sua confiança na bondade e misericórdia de Deus, mas o meu hábito diário de ler três salmos todas as manhãs me levou a mergulhar profundamente nos salmos que raramente lia. Tenho os meus salmos preferidos; provavelmente você também os tem. São os salmos que nos trazem conforto ou força. Mas ter a disciplina de ler todos os salmos — sim, mesmo aquele muito longo — me permitiu encontrar algumas joias que eu teria perdido. Descobri um salmo em que Davi está tremendo de medo. É o salmo 55. Vejamos o que estava acontecendo na vida de Davi quando ele o escreveu.

> Escuta a minha oração, ó Deus,
> não ignores a minha súplica;
> ouve-me e responde-me!

Os meus pensamentos me perturbam,
e estou atordoado diante do barulho do inimigo,
diante da gritaria dos ímpios;
pois aumentam o meu sofrimento
e, irados, mostram seu rancor.
O meu coração está acelerado;
os pavores da morte me assaltam.
Temor e tremor me dominam;
o medo tomou conta de mim.
Então eu disse: "Quem dera
eu tivesse asas como a pomba;
voaria até encontrar repouso!
Sim, eu fugiria para bem longe,
e no deserto eu teria o meu abrigo.
Eu me apressaria em achar refúgio
longe do vendaval e da tempestade (v. 1–8).

"Tremo de medo, estremeço da cabeça aos pés." Palavras fortes e desesperadas do rei de Israel. John Phillips, um proeminente estudioso dos Salmos, diz que há poucas dúvidas de que esse salmo foi escrito durante o tempo em que Absalão, o filho de Davi, tinha se rebelado contra o seu pai e estava determinado a reclamar o trono de Israel.[10] Davi já não era mais um jovem rei.

Ele tinha passado dos seus sessenta anos e visto muita coisa na vida: muitas vitórias e muitas derrotas. O apoio a Absalão em Jerusalém estava aumentando e Davi tinha medo do seu próprio filho. Que facada no coração! Não consigo imaginar como me sentiria se soubesse que um filho que eu amo, um filho que eu costumava segurar no colo quando caía, um filho com quem eu lia e orava à noite agora desejava a minha morte.

Mas há mais coisas acontecendo aqui para Davi. Davi sabe que ele mesmo tinha causado alguns desses problemas. Deve ter havido

---

10 PHILLIPS, J. *Exploring Psalms*. v. 1. John Phillips Commentary Series. Grand Rapids: Kregel, 2002. p. 435.

momentos no silêncio da noite em que ele refletiu sobre seus erros do passado e sobre as consequências que esses erros tinham para ele. Davi sabia que Deus o tinha perdoado pelos seus pecados, mas eu me pergunto se perdoar a si mesmo não era um pouco mais difícil. Ele teve um caso com a mulher de outro homem, a Bate-Seba. Não era um homem qualquer. Urias fazia parte da equipe de elite da Marinha do reinado de Davi. Era corajoso, bom e ferozmente leal a Davi. No entanto, Davi o enviou para a linha de frente de uma batalha que certamente lhe custaria a vida e Urias acabou morrendo. Isso devia pesar muito sobre os seus ombros em momentos mais calmos.

Durante a maior parte da sua vida, Davi foi um excelente comandante militar, mas não foi um bom pai. Ele tinha causado uma grande divisão entre os seus filhos e agora o seu amado filho Absalão tentava destruí-lo.

ERROS DO PASSADO E ESCOLHAS ERRADAS

Um dos maiores desafios à nossa fé, mesmo entre aqueles de nós que, ao contrário de Davi, vivem depois da morte e ressurreição de Cristo, é que as ondas dos nossos erros do passado ou das escolhas erradas muitas vezes invadem as praias da nossa alma quando as coisas correm mal.

Perguntamo-nos:

> Será que eu causei isso?
> O que teria acontecido se eu tivesse permanecido no meu casamento?
> Isso teria acontecido se eu nunca tivesse feito aquele aborto?
> Será que agora estou sendo castigada por causa daquele caso estúpido?
> Estou enfrentando falência por não ter sido fiel na minha doação?
> Será que tentei impor a minha fé aos meus filhos, fazendo-os não querer ter nada a ver com isso?

Quando acreditamos que as nossas ações causaram devastação não só em nós, mas também naqueles que amamos, experimentamos um medo que é como uma sensação doentia esmagadora no fundo do nosso estômago. Já passei um tempo com muitas mulheres que vivem sob o fardo do remorso. Mesmo sabendo que, quando Cristo nos perdoa, Ele remove o nosso pecado desde o Oriente ao Ocidente, essa ideia parece ser boa demais para ser verdade. Podemos conhecê-la intelectualmente, mas lutamos com ela na nossa alma. É como se cada pessoa tivesse um conjunto de escalas dentro da mente. De alguma forma, os erros que cometemos parecem pesar mais do que o perdão de Jesus. Muitas vezes sentimos que estamos recebendo o que merecemos.

Antes de olharmos para o alívio que Davi encontrou e para a graça incrível disponível para você e para mim, quero reconhecer que, naturalmente, há consequências para as escolhas ruins e os erros passados. Como mencionei no segundo capítulo, Barry e eu tivemos de lidar com as pressões financeiras quando, insensatamente, fomos em frente e compramos uma casa antes de a nossa outra casa ter sido vendida. Sabíamos que Deus nos tinha perdoado, mas ainda tínhamos de lidar todos os dias com a realidade de nos termos colocado em uma posição financeira terrivelmente vulnerável. Isso pôs uma pressão sobre o nosso casamento e eu sei que o nosso filho a sentiu. Como ansiávamos voltar atrás no tempo e desfazer os danos que tínhamos feito! Mas isso não era possível. Tivemos que viver a nossa confiança na bondade e graça de Deus todos os dias. Mesmo quando tínhamos medo, tínhamos que persistir.

Então, sim, há consequências para o nosso pecado, as nossas escolhas erradas, os nossos erros, as nossas tolices, mas não somos abandonadas no nosso medo e arrependimento; nunca estamos sós.

Deixe-me apenas dizer aqui e agora, antes de passarmos para outro parágrafo ou de virar mais uma página: como crentes em Cristo, não recebemos o que merecemos. Recebemos o que *não* merecemos. Isso é a graça de Deus. Você se lembra das últimas palavras que Cristo disse na cruz? Deixe-me lembrá-la:

> Mais tarde, sabendo então que tudo estava concluído, para que a Escritura se cumprisse, Jesus disse: "Tenho sede". Estava ali uma vasilha cheia de vinagre. Então embeberam uma esponja nela, colocaram a esponja na ponta de um caniço de hissopo e a ergueram até os lábios de Jesus. Tendo-o provado, Jesus disse:

"Está consumado!" Com isso, curvou a cabeça e entregou o espírito (João 19:28–30).

A palavra grega usada aqui para "consumado" é *tetelestai*. Essa palavra foi encontrada em documentos fiscais antigos. Escrito em papiro, ela significa "conta totalmente paga". Você sente o peso dessa verdade? O que quer que tenha feito, o que quer que lamente, os caminhos errados que possa ter seguido — com essas palavras finais de Cristo, ele escreveu "Conta totalmente paga". O grande pregador bíblico e pastor Charles H. Spurgeon escreveu:

> Um oceano de significado em uma gota de língua, em uma mera gota. Seriam necessárias todas as outras palavras que alguma vez já foram ou podem ser ditas para explicar essa única palavra. É totalmente incomensurável. É elevada; não consigo alcançá-la. É profunda; não consigo sondá-la. É a nota mais encantadora de toda a música do Calvário. O fogo já passou sobre o Cordeiro. Ele suportou toda a ira que era devida ao seu povo. Esse é o prato real do banquete do amor.[11]

Cristo tomou sobre si mesmo o que ele não merecia, para que não tivéssemos que suportar o que merecemos. Isso é liberdade. Essa é a luz que brilha no canto mais escuro da sua alma. Tome um momento agora, se quiser, e agradeça a Jesus por, embora enfrentar muitas lutas nesta vida, nunca ter que temer por causa de quem Deus é. Quando Davi se lembrou de quem Deus é, tudo mudou.

LEVE O SEU MEDO ATÉ O SEU PAI

O que podemos aprender com esse maior de todos os reis de Israel? Ele cometeu muitos erros e mesmo assim lemos: "Depois de rejeitar Saul, levantou-lhes Davi como rei, sobre quem testemunhou: 'Encontrei Davi,

---

[11] "Tetelestai — Paid in Full". Precept Austin. Atualizado em 28 de maio de 2018. Disponível em: https://www.preceptaustin.org/tetelestai-paid_in_full. Acesso em: 20 jun. 2022.

filho de Jessé, homem segundo o meu coração; ele fará tudo o que for da minha vontade'" (Atos 13:22). Essa é uma descrição fascinante de um homem que cometeu tamanha tolice. Fica claro que o que Deus viu em Davi foi um ser humano falível que o amava apaixonadamente. É isso que Deus procura em você e em mim. Sim, vamos cometer erros, vamos cair, mas será que o amamos? Jesus cobriu o nosso pecado. Deus quer os nossos corações.

John Phillips sugere que parece haver uma pausa na escrita do salmo 55. Nos primeiros oito versículos, Davi está gritando de dor e desespero. O seu próprio filho está tentando matá-lo, provavelmente lhe causando um medo maior do que qualquer outro que já enfrentou em batalha. E Davi tinha enfrentado muitas batalhas. Na verdade, foi por isso que Deus não permitiu que Davi construísse o templo, mas concedeu esse privilégio ao seu filho, Salomão. Davi tinha sangue demais nas suas mãos. É assim que a seção que analisamos anteriormente termina antes de Davi se lembrar de quem Deus é:

> Então eu disse: "Quem dera
> eu tivesse asas como a pomba;
> voaria até encontrar repouso!
> Sim, eu fugiria para bem longe,
> e no deserto eu teria o meu abrigo.
> Eu me apressaria em achar refúgio
> longe do vendaval e da tempestade" (v. 6–8).

Você nunca quis fazer isso — sair da cidade e ir para um lugar calmo, como uma cabana na floresta, sem serviço de celular? Eu sei que sim. Consegue sentir o cansaço de Davi, o desespero? Ele está acabado. Está exausto, de coração partido. Ele tinha sido removido da cidade pelo seu comandante, para a sua própria segurança.

Todo o resto foi deixado para trás. O que torna essa situação devastadora ainda mais dolorosa é que a pessoa ao lado de Absalão é o amigo de Davi, Aitofel.

Não há nada pior quando você está em uma situação terrível, quando está lutando pela vida, do que descobrir que a pessoa que o apunhalou pelas costas é um dos seus melhores amigos. Lemos: "Se um inimigo me insultasse, eu poderia suportar; se um adversário se levantasse contra mim, eu poderia defender-me, mas logo você, meu colega, meu companheiro, meu amigo chegado, você, com quem eu partilhava agradável comunhão enquanto íamos com a multidão festiva para a casa de Deus!" (Salmos 55:12-14). Aitofel não era apenas um dos amigos mais íntimos de Davi; eles tinham adorado juntos. Isso parece ser a traição última e ela partiu o coração de Davi. "Davi, porém, continuou subindo o monte das Oliveiras, caminhando e chorando" (2 Samuel 15:30).

O seu melhor amigo e o seu filho preferido estão tentando matá-lo. Inimaginável!

Então, o que reverteu as coisas para Davi? Quando ele estava se agarrando a um fio, esmagado pelo medo e pela dor, o que mudou as coisas para ele? Parece que, no silêncio de onde descansava, Davi se lembrou da promessa de Deus e escreveu o resto do salmo 55. Ele sabia que tinha sido ungido por Deus como rei de Israel e que não importava como as coisas parecessem (e elas não pareciam nada bem), Deus é um Deus que sempre cumpre a sua Palavra. O tom do salmo muda. Davi passa do desespero à esperança. "Eu, porém, clamo a Deus, e o Senhor me salvará" (Salmos 55:16).

Davi parou de olhar em volta e começou a olhar para cima. Sei que isso parece simplista e "a coisa certa a dizer", mas é uma verdade que salva vidas. Lembrar quem Deus é, lembrar a sua promessa mudou tudo para Davi. E o mesmo acontecerá com você e comigo. Era como se Davi estivesse precariamente equilibrado sobre um parapeito a um metro e meio do chão, tal como Charlie, e Deus o agarrou e amparou. O que Davi escreveu, fala ao nosso coração ainda hoje:

> Entregue suas preocupações ao Senhor,
> e ele o susterá;
> jamais permitirá que o justo venha a cair (Salmos 55:22).

Davi fez essa declaração antes mesmo de a batalha começar. Ele sabia que as coisas estavam mal, mas manteve os olhos fixos em Deus. Não sei o que se passa na sua vida neste momento enquanto lê, mas quero lembrá-la, minha amiga, de que Deus cumpre suas promessas. Há situações em que nos sentimos traídas e feridas, e a grande tentação é tentar consertar as coisas com esforço próprio. Temos que escolher. Podemos confiar na nossa própria capacidade de desemaranhar uma confusão, de travar as nossas próprias batalhas, ou podemos esconder-nos na sombra do Todo-Poderoso. Podemos levar o nosso medo até o nosso Pai.

Uma das maiores dores da minha vida aconteceu quando fui hospitalizada com uma depressão clínica. Uma amiga que eu amava e em quem confiava começou a falar contra mim, dizendo que eu era uma mentirosa. Disse que meu pai não morreu por suicídio e que eu tinha inventado isso para chamar a atenção. Eu já estava no ponto mais baixo da minha vida; quando a notícia do que se dizia sobre mim chegou ao hospital, pedi a Deus que me tirasse a vida. Já me sentia aterrorizada por estar onde estava e agora era como se as paredes estivessem desmoronando sobre mim. E se todos acreditassem nessa pessoa? Nunca na minha vida tinha sentido tanto medo. Eu estava só e aterrorizada. Sentia-me muito fraca para sequer começar a tentar me defender. Eu estava naquele parapeito e sabia com certeza que ia escorregar e cair, e que não havia ninguém para me salvar. (Levou anos até minha amiga voltar a falar comigo. Quando o fez, admitiu que também estivera em um ponto baixo naquele tempo e sentia que não conseguia obter ajuda. Ficou profundamente decepcionada consigo mesma, mas achou mais confortável me açoitar. Estou profundamente grata ao nosso Deus misericordioso por termos finalmente conseguido sentar e chorar juntas. Ambas estávamos com medo, apenas de formas diferentes. Sei agora, em retrospectiva, que ambas estávamos sendo amparadas.)

Uma noite, quando não conseguia dormir, peguei minha Bíblia, um dos poucos artigos pessoais que pude guardar no meu quarto de hospital, e li isto:

> Apesar disso, esta certeza eu tenho:
> viverei até ver a bondade do Senhor na terra.
> Espere no Senhor. Seja forte!
> Coragem! Espere no Senhor (Salmos 27:13–14).

Foi o que fiz. Esperei em Deus. Mesmo nas noites em que mais tinha medo, levei o meu medo até meu Pai. Não tentei apagar todas as pequenas fogueiras que estavam ardendo à minha volta. Esperei em Deus. Agora, deixe-me dizer que pode haver momentos em que você tenha que falar para corrigir um erro, mas mantenha os olhos fixos em Jesus. Que a sua esperança esteja nele, não na sua própria capacidade de consertar as coisas nem na reação dos outros.

Davi viveu para ver a libertação de Deus. Absalão e Aitofel perderam a sua vida, e o rei Davi foi restaurado ao seu trono legítimo. Davi deixou claro para todo o povo de Israel que Deus era aquele que o tinha salvado.

> Das alturas estendeu a mão e me segurou; tirou-me de águas profundas. Livrou-me do meu inimigo poderoso, dos meus adversários, que eram fortes demais para mim. Eles me atacaram no dia da minha calamidade, mas o Senhor foi o meu amparo. Deu-me ampla liberdade; livrou-me, pois me quer bem (2 Samuel 22:17–20).

Você não ama isso? "Livrou-me, pois me quer bem." Davi não foi liberto porque fez tudo certo na vida. Ele foi liberto no meio do seu medo, porque Deus o amava. Às vezes, quando as coisas correm mal, é tentador pensar que Deus está zangado conosco ou que Ele está nos castigando. Não! Deus nos ama. Ele não ama apenas "o mundo"; Ele nos ama — você e eu. Ele a ama neste momento, não importa se você está vivendo os melhores dias da sua vida ou se a sua vida está desmoronando. Deus está com você.

Mas nem todos os salvamentos se apresentam da mesma forma, não é verdade? Às vezes, somos libertas de uma situação e, às vezes, somos libertas do medo em uma situação. Às vezes, Deus responde às nossas orações da forma que queremos, e outras vezes o presente é a presença de Deus conosco, mesmo quando a nossa circunstância não muda. Já experimentei ambas as situações na minha vida e há uma da qual nunca me esquecerei.

DECIDINDO REFUGIAR-SE EM DEUS

Quando Christian tinha quatro anos, pensamos que íamos perdê-lo. Aos quatro anos, ele era um aventureiro — por isso, quando começou a abrandar e a dormir mais do que o normal, fiquei preocupada. Eu o levei ao pediatra e, depois de examiná-lo, o médico nos mandou para casa dizendo que achava que tudo estava bem e que poderia ser apenas uma mudança no clima ou alguma alergia. Como pais, sabemos instintivamente quando algo está errado com o nosso filho. Por isso eu o levei de volta ao consultório. Dessa vez, o médico pediu exames de sangue. Quando voltou com os resultados preliminares, ele parecia preocupado. Ele nos disse que teria um diagnóstico melhor no dia seguinte. Deu a Christian um adesivo de um desenho animado, disse-nos que não devíamos nos preocupar e saiu da sala.

Barry levou Christian até o carro para buscar o suco, mas eu voltei lá dentro e pedi para falar com o médico. Nós éramos amigos e eu pedi que fosse sincero comigo e que me dissesse o que pensava que poderia estar errado. Relutou, mas eu insisti. Ele disse que podia ser qualquer coisa: de algo tão simples como uma alergia a uma taxa baixa de ferro ou algo mais sério. Perguntei-lhe qual era a coisa mais séria. Ele fez uma pausa, depois sentou-se e disse uma palavra: "Leucemia".

Passamos no McDonald's a caminho de casa porque Christian queria um McLanche Feliz. Naquele momento, eu teria comprado um pônei para ele. Perguntou se podia dormir na nossa cama naquela noite; às oito horas, ele e Barry estavam dormindo profundamente. Passei a noite toda tentando negociar com Deus.

"Se for leucemia, por favor, por favor, passe essa doença para mim. Ele é muito pequeno para suportar isso."

Tive tanto medo pelo meu filho... Queria uma vida normal para ele. Não queria hospitais, quimioterapia nem dor. Por volta das três horas da manhã, li isto: "Deus é o nosso refúgio e a nossa fortaleza, auxílio sempre presente na adversidade" (Salmos 46:1). Agarrei-me a essas palavras e lembrei a Deus o que ele tinha dito. Fiquei de pé na cozinha e orei em voz alta:

> *Pai,*
> *Lembro-te da tua promessa. Prometeste ser um refúgio, por isso estou agora escolhendo refugiar-me em ti. Tenho medo e preciso da tua ajuda. Disseste que és a minha força e eu preciso da tua força*

neste momento, pois não tenho nenhuma força própria. Estou em apuros. Por favor, ajuda-me.

Ao derramar medo e dor diante de Deus, senti Deus derramar o seu amor e a sua paz. Acabei adormecendo no sofá e dormi até o médico me ligar na manhã seguinte. Eram notícias boas. Christian estava com anemia, algo que podia ser tratado facilmente. Fiquei aliviada, grata por ele nunca sequer ter que saber da possibilidade de algo pior.

Pouco tempo depois, falei em uma conferência e compartilhei essa história. No final, uma mulher veio conversar comigo e me disse que tinha recebido outra ligação, aquela que não queria receber. Ela deve ter visto o meu olhar enquanto eu pensava como o meu resultado feliz deve ter sido como sal em uma ferida aberta para ela. A mulher agarrou a minha mão e disse: "Não, Sheila, você não entende. O que estou tentando dizer é o seguinte: quer obtenha a resposta pela qual ora ou a resposta que teme, Deus está conosco. Ele está sempre conosco".

Pensei sobre isso durante muito tempo. Ambas tínhamos experimentado a mão de Deus se estendendo até o local onde tínhamos caído. Nossos resultados foram diferentes, mas a coisa que compartilhávamos era o dom da presença de Deus, mesmo no meio dos nossos medos. A dádiva da sua paz.

Quero fazer uma pausa aqui e orar por você agora mesmo. Peço a Deus que Ele lhe dê a força para continuar persistindo quando estiver com medo. Peço a Deus que a ampare e não a largue, mesmo que você urre, se contorça ou ruja.

A vida está cheia de milagres inesperados, se tivermos olhos para vê-los. Às vezes, o maior milagre é aquele que acontece dentro de nós. Descobrimos, em uma profundidade nunca antes experimentada, que somos abraçadas, amadas, que não precisamos temer.

Agarrando-se à Esperança

1. Por causa de Jesus, recebemos o que não merecemos — e isso é graça.

2. Deus sempre cumpre sua palavra.

3. Não importa se você recebe a resposta que pediu ou a resposta que teme, Deus está sempre com você.

Deus Pai,
Obrigada por tua presença.
Traz paz para o meu medo.
Amém.

Persista quando você comete um deslize

Tem misericórdia de mim, ó Deus,
por teu amor;
por tua grande compaixão
apaga as minhas transgressões.
Lava-me de toda a minha culpa
e purifica-me do meu pecado.
Pois eu mesmo reconheço as minhas transgressões,
e o meu pecado sempre me persegue.
SALMOS 51:1-3

O evangelho é este: somos mais pecaminosos e falhos em nós mesmos do que ousamos acreditar, mas, ao mesmo tempo, somos mais amados e aceitos em Jesus Cristo do que ousamos esperar.
TIMOTHY KELLER

Estou fazendo dieta há mais de quarenta anos. Quando tinha vinte ou trinta anos, podia pular um almoço ou jantar e perder alguns quilos. Agora preciso ficar em jejum durante todo o mês de janeiro. Nunca fico muito acima do peso, mas sete quilos a mais no meu pequeno esqueleto escocês é muita coisa — o suficiente para limitar o que posso usar ao que chamo de "a seção fofa" do meu armário.

Um dia, decidi que faltava exercício na minha rotina diária. Entendo que muitas pessoas adoram fazer exercícios ou correr, mas eu nunca conseguiria pensar em correr, a menos que estivesse tentando alcançar um ônibus. Depois vi um anúncio de uma esteira inclinada.

Ela vinha com a promessa de um treino interativo sem igual. Sabia que isso era exatamente o que eu precisava. Sempre que entrava em uma academia, acabava fazendo besteira, mas isso seria a minha grande conquista. Era um pouco cara, mas garanti ao Barry que a utilizaria todos os dias. Lembro-me do momento exato em que a esteira chegou. Dois sujeitos corpulentos a carregaram para cima e a colocaram no local perfeito, onde eu podia assistir à televisão enquanto embarcava nessa viagem de mudança de vida.

O primeiro dia correu bem, mas na manhã seguinte me senti um pouco arrependida — por isso decidi que deveria descansar. Não queria exagerar. Poderia ser perigoso fazer demais e rápido demais. Infelizmente, esse pequeno descanso transformou-se em cinco anos. Mas Barry fez bom uso do aparelho. Tornou-se o seu armário e todas as noites ele pendurava as roupas nele.

Então veio 2020 e ficou muito claro para mim que, se eu não fizesse algo em breve, precisaria de um armário inteiro para a seção fofa. Por isso, peguei roupa e toalha, tirei a poeira da esteira e calcei meus velhos tênis de "corrida". Apertei o botão de ligar/desligar.

Nada. Apertei de novo. Nada. Desci as escadas e encontrei o manual. Fui para a página de resolução de problemas e li cada passo. Não ajudou, mas havia um número de telefone para falar com um consultor técnico por apenas 5,99 dólares.

Disquei o número e, após cinquenta minutos de espera, fui conectada com "Herbert". Expliquei o meu dilema e quão decepcionante era o fato de, após apenas um dia, a máquina ter deixado de funcionar. (Deixei de fora a parte dos cinco anos.) Herbert me fez uma pergunta simples e profunda. "A máquina está ligada à tomada?" Agradeci a Herbert e desliguei. Consegui perceber Barry rindo de mim. Liguei-a e me senti como se tivesse vencido o Kentucky Derby. Agora sei que se deve começar aos poucos e que começar com uma inclinação do nível 10 na sua segunda tentativa é... ambicioso. Tentei perseverar com todas as forças que tinha, mas o aparelho me jogou no chão como um trapo velho. Bati contra a parede do quarto e, apesar da suposta proteção dos meus tênis de corrida, fraturei o meu dedo mindinho. De alguma forma, sempre estrago tudo. Tenho esses planos grandiosos para "viver a minha vida de forma melhor" e na maioria das vezes bato contra a parede. Talvez você também já tenha experimentado isso.

Uma coisa é estragar um plano de dieta ou não ir à academia por algumas semanas, mas o que você faz quando se sente como se toda a vida fosse uma confusão? Lembro-me do momento em que me senti assim. Lembro-me nitidamente.

QUANDO EU ESTAVA DESMORONANDO

Não costumo reler meus livros depois de publicados, a menos que seja para preparar uma palestra. Havia anos que eu tinha escrito *Honestly* [Honestamente], o livro em que conto pela primeira vez a história da minha internação por depressão clínica, mas, certa manhã, decidi pegar uma cópia e lê-la. Foi uma experiência emocionante relembrar o momento mais vulnerável da minha vida. Quando escrevi *Honestly*, as histórias que saíram de dentro de mim não eram felizes. Na verdade, nunca tive a intenção de publicar esse livro. Eu o escrevi como um diário para mim, como um lugar em que pudesse derramar a dor e para registrar tudo o que o Espírito Santo estava me ensinando. Um dos efeitos secundários da depressão clínica grave pode ser a perda de memória e eu não queria perder nenhuma das peças do quebra-cabeças que Deus estava colocando no lugar. Foi só quando comecei a compreender que outras pessoas que amavam Jesus também lutavam com doenças mentais que decidi publicar a minha história.

Sentar-me lá fora em uma manhã quente de primavera e reler o meu livro me ajudou a ver não só até onde Cristo tinha me levado na minha viagem, mas, honestamente, até onde ainda teria que ir. Fiz uma pausa para contemplar os pequenos poemas que tinha escrito. Eles contavam uma história vívida da tempestade que tinha caído sobre mim naquele tempo. Lembrei-me do medo que senti: um medo profundo do que iria acontecer comigo quando as pessoas descobrissem que eu tinha passado um tempo em um hospital psiquiátrico, diagnosticada com uma doença mental. Eu escrevi:

> *Tudo acabou, a cortina se fechou*
> *A multidão volta para casa, apagam-se as luzes do show.*[12]

Ao reler essas palavras, uma nova onda de emoção me inundava. Era o tipo de onda ligada a uma história dolorosa. Percebe o que quero dizer? Nem todas as ondas de emoção são assim. Por exemplo, vejo uma

---

12 WALSH, S. *Honestly*. Grand Rapids: Zondervan, 1996. p. 66.

mãe empurrando o seu filhinho em um carrinho de bebê e uma onda de emoção me invade, mas é uma onda feliz, com memórias doces ligadas a quando Christian era um bebê. Ou vejo um filme que se passa na Escócia e reconheço o lugar como um lugar que amei quando era criança. Essas ondas são bem-vindas. Tocam em memórias que nós guardamos.

Mas, como você deve saber, há outros tipos de ondas que trazem memórias dolorosas. Essas memórias têm uma história ligada ao que preferimos não lembrar. A leitura de algumas linhas desse pequeno poema fez isso comigo.

Lembro-me de me sentir descartada, perdida, confusa. No dia em que saí da *Christian Broadcasting Network* para dirigir até o hospital em Washington, um membro sênior me disse que eu ia prejudicar o ministério quando as pessoas soubessem que eu tinha estado em um hospital psiquiátrico. Ele me disse que o diabo ia me usar, porque eu era um elo fraco na corrente do ministério. Então ele me disse isto: "Nunca mais voltará a ser especial". Foi assim que eu me senti: fraca, fracassada, uma confusão que deveria ser jogada fora. (Pat Robertson nunca me tratou dessa maneira. Ele foi sempre gentil, como um pai.)

As doenças mentais, particularmente na igreja, eram vistas como um estigma naquele tempo. Percorremos um longo caminho desde então, mas, quando fui hospitalizada, não conhecia outro cristão que lutava até as últimas forças com a depressão. Pelo que sabia, eu era a única que estava transformando a vida em uma confusão completa, a única que estava decepcionando Deus e desmorando. Para mim, era a tempestade perfeita — o meu maior medo estava se chocando contra a minha crença mais profunda.

> Não deixe que ninguém veja o seu verdadeiro eu ou eles vão embora.
> Estou fragmentada demais para ser amada.

E quais são as suas crenças profundas? Todos nós as temos. Normalmente, elas se gravaram na nossa alma quando éramos jovens. Nem todas são crenças negativas; muitas das crenças são pedras angulares que nos preparam para escolhas saudáveis mais tarde na vida.

Quando você está procurando um marido, por exemplo, se foi criada por um pai amoroso que disse palavras de vida sobre você, é menos provável que se apaixone por alguém que a derrube. Tais mensagens contradiriam fortemente o que você sabe ser verdade sobre si mesma e sobre como deve ser um relacionamento. Às vezes, o amor pode deixá-la cega, mas você tem muito mais chances de escolher alguém que seja saudável e que a apoie emocionalmente se tiver um pai amoroso em vez de um pai que a menosprezou.

Se você foi criada para acreditar que é inteligente e talentosa e que Deus tem um plano maravilhoso para a sua vida, então não desistirá na primeira vez que alguém lhe disser "não". Quando quiser se juntar a uma equipe, ir para determinada faculdade ou conseguir um emprego, se as respostas iniciais forem negativas, você tentará até ser bem-sucedida.

Esses tipos de crenças profundas são como um balão que nos levanta. Quando as mensagens são negativas, porém, elas agem como pesos que nos puxam de volta para o chão quando tentamos levantar voo.

Estas são algumas das mentiras em que costumamos acreditar:

> Você nunca conseguirá nada.
> Você sempre será gorda.
> Você não merece ser feliz.
> Você foi um erro.
> Há algo de errado com você.
> Você fica horrível nessa roupa.
> Deus nunca a perdoará pela confusão que fez.
> Você nunca mais voltará a ser especial.

Esse tipo de mensagem fala alto; é difícil ignorá-la.

Então, como resistimos a algo em que acreditamos há muito tempo? Como perseveramos quando sentimos que fizemos besteira? Como silenciamos as mentiras que contêm verdade suficiente para fazer-nos acreditar nelas?

SILENCIANDO AS MENTIRAS

Derrubar essas mentiras é um processo, eu sei. Mas quero lhe dar algumas ferramentas que eu uso todos os dias para enfrentar as táticas do inimigo.

Estudar a Palavra de Deus
Eu nunca deixo passar um único dia sem ler a verdade de Deus. Leio-a em voz alta. Escolho um versículo e medito sobre ele durante o dia. Leio o que Deus diz ser verdade sobre a minha vida, independentemente do que possa sentir naquele momento. Se as suas crenças profundas lhe dizem que não vale a pena amar, que nunca vai mudar, que você nunca vai se recuperar da confusão que criou, então encontre alguns versículos que confrontem essas mentiras. Aqui estão uns dos meus favoritos:

> Embora os montes sejam sacudidos e as colinas sejam removidas, ainda assim a minha fidelidade para com você não será abalada, nem a minha aliança de paz será removida (Isaías 54:10).

> E vivam em amor, como também Cristo nos amou e se entregou por nós como oferta e sacrifício de aroma agradável a Deus (Efésios 5:2).

> Pois estou convencido de que nem morte nem vida, nem anjos nem demônios, nem o presente nem o futuro, nem quaisquer poderes, nem altura nem profundidade, nem qualquer outra coisa na criação será capaz de nos separar do amor de Deus que está em Cristo Jesus, nosso Senhor (Romanos 8:38–39).

Qualquer que seja a sua luta específica, encontre a verdade na Palavra de Deus e leia-a sobre si mesma todos os dias em voz alta quando puder — tantas vezes quantas forem necessárias — para silenciar as mentiras.

Oração
Em 2019, escrevi um livro inteiro sobre oração, chamado *Mulher de oração*, pois reconheci que essa era uma área fraca na minha vida. Precisava

de uma estratégia para seguir em frente. Agora, oro quando me levanto de manhã. É mais um "Bom dia, Senhor" do que qualquer outra coisa. É a minha forma de saudar um novo dia na presença de Deus. Depois tenho momentos em que oro e intercedo especificamente por uma pessoa ou situação. Mas também falo com o meu Pai durante todo o dia. Quando estou no carro, à espera na fila do supermercado, quando estou feliz, quando estou triste, quando a esteira me atira contra a parede e quando cometo alguma besteira, eu falo com o Senhor.

> Ele inclinou os seus ouvidos para mim;
> eu o invocarei toda a minha vida (Salmos 116:2).

Saiba que Deus sempre está ouvindo e que você pode levar tudo para diante dEle.

Adoração
Tenho uma *playlist* de adoração no meu celular. Escolhi músicas que têm uma verdade espiritual profunda, canções que me lembram o amor infalível de Deus. Adoro com elas quando estou tendo um dia bom ou ruim. Quando me sinto atolada e a vida está confusa, ouço e deixo que as palavras me inundem.

> Senhor, tu és o meu Deus; eu te exaltarei e louvarei o teu nome, pois com grande perfeição tens feito maravilhas, coisas há muito planejadas (Isaías 25:1).

A adoração nos ajuda a tirar o foco de nós mesmas e a nos concentrar no Deus do amor, da fidelidade e do perdão. Ele é o Deus daqueles que estragam tudo.

Ação de graças
Há grande poder na gratidão, em dar graças pela fidelidade e pelo amor de Deus. Quando a vida está difícil, porém, é um desafio agradecer. É por isso que penso na ação de graças como uma escolha, uma disciplina. Todos os dias agradeço a Deus por cinco coisas. Há dias em que essas

coisas são respostas significativas à oração. Outros dias, trata-se de algo simples, como o fato de nosso cão mais velho, Tink, dormir durante a noite em vez de precisar sair cinco vezes. O simples ato de ação de graças nos lembra de que Deus está conosco e no controle. Uma das lições que a minha querida amiga Ruth Graham me ensinou está na carta de Paulo à igreja de Filipos.

> Não andem ansiosos por coisa alguma, mas *em tudo*, pela oração e súplicas, e *com ação de graças*, apresentem seus pedidos a Deus. E a paz de Deus, que excede todo o entendimento, guardará os seus corações e as suas mentes em Cristo Jesus (Filipenses 4:6-7, grifos meus).

Paulo estabelece uma ligação clara entre dar graças e experimentar paz.

Essas quatro disciplinas eram os meus primeiros socorros, mas no último ano descobri uma disciplina totalmente nova que eu não tinha considerado ao lidar com o impacto de crenças negativas. No início foi difícil assumir isso. Tive que dar ao meu sistema de crenças danificado o nome que merecia: pecado. Tive que acatar uma forma de vida totalmente nova, o que não foi uma decisão única, mas um compromisso diário de arrependimento. Isso tem mudado a minha vida.

DIZENDO A VERDADE

Durante o autoisolamento da pandemia, tudo aquilo com que estávamos familiarizados mudou. As famílias que estavam habituadas a preparar os seus filhos para a escola e depois partir para o trabalho estavam agora todas em casa, o tempo todo. Deviam fazer trabalhos para os quais não haviam sido treinadas: professor, encanador, eletricista, advogado ou animador. Tenho quase certeza de que as vendas de medicamentos contra dor de cabeça explodiram. As pessoas que viviam sozinhas foram subitamente isoladas de qualquer interação social. Sem pequenos grupos de ginástica ou encontros de almoço com amigos. Era como se alguém pegasse o nosso quebra-cabeças, que estava com cada peça em seu devido lugar, e misturasse tudo. Já nem sequer sabíamos onde estavam as peças dos cantos.

Foi durante esse tempo que o lado feio e autoprotetor do quebrantamento voltou a aparecer em mim. Honestamente, pensei que o tinha matado ao longo dos anos, mas ele só esteve adormecido.

Barry e eu estávamos conversando com Christian. Ele dizia como estava grato por poder ver os rostos dos seus amigos nas videochamadas pelo Zoom. Isso o fazia sentir-se menos só. Eu estava preocupada com Christian, mas muito grata por ele ainda ter alguma interação com os amigos.

Barry é um observador. Ele repara em coisas que acha que poderiam ser melhores; no meio da ligação, reparou em algo da aparência de Christian. Sugeriu que não usasse boné durante as videochamadas. Disse-lhe que ficaria melhor sem o boné. Foi tudo o que ele disse, mas isso desencadeou algo em mim e eu exagerei totalmente. Foi um pouco assim (permissão concedida por todos os envolvidos):

"Não deveria usar o boné nas ligações, Christian. Você fica muito mais bonito sem ele."

"São só meus amigos, pai. Eles não se importam."

"Mesmo assim, se quiser ser um psicólogo clínico, deve acostumar-se a se apresentar de modo profissional." (Barry sempre tem muitas sugestões.)

"Eu não quero ser esse tipo de terapeuta, pai. Quero ser real, ser eu mesmo, ser acessível."

"Continuo achando que fica melhor sem ele."

Então Sheila entra em cena:

"Por que sempre precisa fazer comentários tão superficiais, Barry? Isso me irrita demais. Ele está ótimo... melhor do que você aqui, sentado, com o mesmo moletom rasgado que vem usando há meses!"

Como pode imaginar, a ligação caiu em silêncio depois disso. Barry se fechou; Christian se fechou. Um tsunâmi de culpa passou por cima de mim ao pensar em uma sessão de aconselhamento da qual nós três tínhamos participado apenas alguns anos antes. Tínhamos marcado essa sessão porque eu sentia que, às vezes, Barry era crítico demais em relação a Christian. Eu esperava que o conselheiro ajudaria Barry a ver o impacto das suas críticas, mas, no final da sessão, percebi que o verdadeiro problema era eu. Era eu que estava estragando tudo. Tinha perguntado a Christian como eu contribuía à tensão em casa. Esperava que ele dissesse que não era eu, que era o seu pai. Mas não foi isso que ele disse. Sua resposta foi a seguinte: "Mãe, eu não quero ferir os seus sentimentos". Eu disse que ele tinha permissão total para ferir os meus sentimentos. "Mãe, quando você se mete, isso só piora as coisas. O pai e eu nos amamos um ao outro. Sim, às vezes ele é duro comigo, mas conseguimos resolver as coisas, só nós dois."

Fiquei um pouco surpreendida no início, mas honestamente orgulhosa da sua capacidade de articular o que não estava funcionando para ele. Fazia todo o sentido para mim. Saí daquela sessão determinada a mudar. Pude ver que tudo o que estava fazendo era aumentar o conflito em uma situação em que eles conseguiam trabalhar juntos. As minhas respostas emocionais eram muito mais difíceis para eles do que as diferenças que estavam vivendo como pai e filho.

Agora, aqui estávamos nós outra vez. Eu não sabia o que dizer. Não, eu sabia. Devia ter pedido perdão na hora. Não pedi. Christian riu, dizendo que tinha uma redação para fazer, e se despediu. Barry me perguntou se eu queria conversar. Eu abanei a cabeça, por isso ele foi para a cama.

Sentei-me no sofá. Eu me senti como se tivesse cinco anos, sozinha e encurralada. Quando resisto ao arrependimento imediato, caio rapidamente em lugares escuros. Velhos pensamentos destrutivos voltam a me atormentar; o desespero sobe como uma inundação no porão. Mais uma vez, mentiras familiares tinham encontrado a sua voz.

> Você estragou tudo de novo.
> Você nunca vai mudar.
> Você está danificada demais para ser uma boa mãe.
> A vida é dura demais.
> Você não consegue.

Quero que você ouça isto: uma das lições mais poderosas que aprendi ao longo dos anos é que há poder no nome do Senhor. Não importa o que você enfrente, não importa o que fez, não importa quão dura seja a vida ou quão escura — há poder no nome de Jesus.

Lágrimas começaram a escorrer pelo meu rosto e não esperei nem mais um minuto. Quando faço besteira, há apenas um a quem me posso agarrar. Invoquei o seu nome: Jesus!

Gritei repetidamente o seu nome.

Jesus! Jesus! Jesus!

Ajoelhei-me na sala e pedi perdão. Levantei os meus braços para o céu e senti a doce presença do Espírito Santo enchendo-me de paz. Em palavras bem simples: eu me arrependi.

Arrependimento é uma palavra antiquada, mas tem um significado muito simples, poderoso e que transforma vidas.

No Antigo Testamento, duas palavras hebraicas são usadas para nos ajudar a compreender o arrependimento. A primeira é a palavra *nacham*. Ela significa "dar meia-volta ou mudar de ideia". A segunda é a palavra *sub*, usada centenas de vezes no Antigo Testamento e traduzida como "virar, restaurar e voltar". Quando chegamos ao Novo Testamento, a palavra grega traduzida como "arrependimento" é *metanoia*, que significa "mudar de ideia".

Repare nisto: não há nada aqui sobre arrependimento. O arrependimento não é uma emoção; é uma ação. Podemos dizer que nos arrependemos um milhão de vezes, mas, se não dermos meia-volta, se não mudarmos de ideia, nada muda.

De alguma forma, o comentário de Barry ao nosso filho mexeu em uma ferida em mim. Parecia a rejeição que eu tinha sentido durante a maior parte da minha vida na escola primária e secundária.

Você não é bonita.

Você é gorda.

Você não basta.

O meu surto foi uma reação desproporcional, pois tinha uma história ligada a ele.

Fui para o andar de cima e pedi ao Barry que me perdoasse, o que ele fez imediatamente. Devo lhe dizer que nunca me sinto mais humana e íntegra do que quando peço perdão.

O problema com o qual eu estava lidando era o pecado. Não gostamos dessa palavra na nossa cultura. *Pecado* sugere julgamento, mas é a razão pela qual Jesus veio a esta terra. Ele veio para pagar o preço do nosso pecado. Se você cresceu em uma comunidade eclesial, terá a sua própria compreensão do que o pecado é para você. Muitas vezes, tendemos a pensar nisso, dependendo das tradições e da cultura da nossa igreja, como *coisas intensas* que as pessoas fazem, como adultério, assassinato, abuso infantil e assim por diante. Em outras palavras, *são as coisas que outras pessoas fazem* e que nós não sonharíamos em fazer. Se você cresceu sem formação religiosa, é provável que nunca tenha visto a palavra *pecado* em cena. Há pessoas boas e pessoas más. É tão simples quanto isso. No entanto, a mensagem firme e inabalável da Palavra de Deus é que todos nós somos pecadores, cada um de nós. A boa notícia é que, quando acatamos essa verdade de bom grado, temos esperança, porque nos apegamos a Cristo, que veio pelos pecadores.

PREENCHENDO O VAZIO

Algumas das perguntas que eu tinha em mente quando me sentei para escrever este livro eram estas: por que tantos de nós que amamos a Jesus somos tão infelizes? Por que nos sentimos como se estivéssemos por um fio? Por que lutamos até nossas últimas forças nas nossas relações? Por que tudo é um pouco decepcionante? Por que nada é tão maravilhoso como pensávamos que seria? Por que continuamos fazendo besteira de novo e de novo e de novo?

Será que é porque não permitimos que a salvação completasse a sua obra? Deixe-me explicar o que quero dizer. Quando abraçamos uma vida de fé, sabemos que nossos pecados são perdoados. Já não somos pecadores; somos pecadores salvos pela graça. Embora isso seja gloriosamente verdade, penso que nos esquecemos do alcance verdadeiro do pecado.

Na sua obra magistral *The Reason for God* [A razão para Deus], Timothy Keller cita a autora e ativista francesa Simone Weil: "Todos os pecados são tentativas de preencher vazios. Já que não suportamos o buraco em forma de Deus dentro de nós, tentamos preenchê-lo com todos os tipos de coisas, mas só Deus pode preenchê-lo".[13] Ela escreveu isso após a sua dramática conversão ao cristianismo. Conheço essa citação há anos, mas ouço-a agora de forma diferente da que costumava ouvir no passado.

Costumava compreendê-la como sendo aplicável àqueles que ainda não entraram em uma relação com Deus. Em outras palavras, se você não conhece Deus, o dinheiro se tornará o seu deus, ou o amor, ou o futebol, ou o álcool, ou a sua aparência, ou qualquer outra coisa que possa citar. Mas, quando examino a minha própria vida, vejo claramente que, apesar de ter dado a minha vida a Deus aos 11 anos, resisti a deixar que Ele preenchesse todo o vazio, os lugares partidos, os lugares cheios de medo, os lugares manchados de lágrimas, os lugares desarrumados. Isso não era uma resistência intencional, apenas uma compreensão equivocada de como Deus quer ser grande e totalmente invasivo nas nossas vidas. Ele quer ser tudo para nós.

Foi assim que o filósofo dinamarquês Søren Kierkegaard definiu o pecado: "O pecado é: desesperado, não querer ser eu mesmo perante Deus. A fé é: o eu sendo ele mesmo e querendo ser ele mesmo, fundamentado transparentemente em Deus".[14] Ok, eu também tive que ler isso algumas vezes até entender. Creio que o que ele está dizendo é que ser cristão é mais do que "dar a nossa vida a Jesus" e saber que agora estamos salvos. É muito mais do que isso. É colocar todo o nosso ser na presença de Deus. É ser transparente, não todo mau nem todo bom, mas humano, e real, e confuso. É tirar a máscara e voltar nosso rosto verdadeiro para Ele. É amá-lo acima de tudo e de todos os outros. É encontrar a nossa *própria* identidade nEle. É encontrar a nossa *única* identidade nEle.

Fomos criadas para adorar e de um jeito ou de outro sempre vamos adorar algo. Se a nossa adoração a Deus é limitada a um domingo ou a uma quarta-feira à noite, ou a qualquer outra noite em que nos reunimos com os nossos irmãos e irmãs da igreja, o que adoramos no resto da semana? Seja o que for que veneremos, construiremos um ídolo. Pode ser seu

---

13 KELLER, K. *The Reason for God.* New York: Riverhead Books, 2008. p. 166.
14 KIERKEGAARD, S. (*apud* KELLER). *The Reason for God.* p. 168.

casamento, seu trabalho, seus filhos, sua carreira, sua aparência — basta preencher o espaço em branco. O problema com todos esses ídolos é que eles são essencialmente defeituosos de uma forma ou de outra. Quando as coisas que adoramos nos decepcionam, ficamos irritadas e amarguradas. Construímos muros e ouvimos mentiras familiares. Já escrevi outras vezes sobre ir a Deus como somos, e não como gostaríamos de ser, mas sinto que há uma profundidade maior a ser explorada. Acredito que há uma liberdade maior a ser encontrada.

SENDO NÓS MESMAS

Amo o que Salmos 51:1, que lemos no início deste capítulo, diz:

> Tem misericórdia de mim, ó Deus,
> por teu amor;
> por tua grande compaixão
> apaga as minhas transgressões.

Se você está familiarizada com este salmo, sabe que Davi o escreveu depois de o profeta Natã o ter confrontado sobre seu caso com Bate-Seba. Como a definição de Kierkegaard sobre o pecado poderia esclarecer as ações de Davi?

Naquele tempo, o rei Davi já tinha quase sessenta anos e deveria estar com os seus guerreiros em batalha, mas não estava. De acordo com 2 Samuel 11:1, era primavera, quando os reis normalmente vão para a guerra, mas Davi ficou para trás em Jerusalém. Todos os seus guerreiros estavam onde deveriam estar, mas não Davi. Não sabemos quem escreveu 1 e 2 Samuel (a morte de Samuel é mencionada em 1 Samuel 25, por isso é óbvio que não foi ele), mas o fato de o escritor ter observado que era uma época em que os reis normalmente iam para a guerra e que Davi não foi nos informa que algo estava errado e que outros sabiam disso. Talvez Davi estivesse aborrecido ou deprimido, mas não estava se comportando como um rei. Ele viu Bate-Seba tomando banho no fim da tarde quando se levantou da cama. Quando perguntou aos seus servos quem ela era, um deles a identificou não só como filha de Eliã, o que seria a forma normal de identificar uma mulher naqueles dias, mas também como esposa de Urias (2 Samuel 11:3). Davi estava em um lugar e em uma mentalidade perigosos e estava sendo avisado.

Esses momentos são aqueles em que nos equilibramos em cima de um muro. Sabemos que o próximo passo que damos tem um significado enorme. Talvez você conheça isso.

Após alguns encontros, seu namorado a convida para uma viagem de fim de semana. Você descobre que ele reservou apenas um quarto. Você vai mesmo assim?

Seu cônjuge pergunta sobre um gasto no seu cartão de crédito. Será que você vai assumir a verdade de que comprou algo que estava muito fora do orçamento da sua família? Ou vai fingir que não sabe de nada sobre isso, para ganhar algum tempo?

Uma amiga lhe confia algo. É um segredo profundamente pessoal. Então você se encontra com outra amiga que quer saber o que está acontecendo. Você vai trair a confiança da sua amiga?

Nem todos os momentos têm o significado daquilo que o rei Davi fez, mas cada escolha que fazemos para pecar ou não abre a porta para que mais luz de Cristo brilhe ou para que entrem as trevas. Davi ignorou o aviso do seu servo e caiu do muro para o lado errado da sua vocação. Mandou chamar Bate-Seba e dormiu com ela. A partir desse momento, Davi tinha traçado o seu destino rumo ao desastre.

Por isso, deixe-me perguntar: O que ele poderia ter feito? Se um aspecto do pecado é não querer ser eu mesmo perante Deus, então essa é uma coisa que fez Davi tropeçar. Se ele estivesse cansado, ou desanimado, ou aborrecido e tivesse aparecido assim diante de Deus, teria salvado a si mesmo e a muitos outros de muita dor e sofrimento devastador. Se ele tivesse se humilhado perante Deus, confessando o que se passava dentro de seu coração e dizendo toda a verdade, teria sido abraçado, amado e fortalecido por Deus.

Passou-se um ano inteiro até ele ser confrontado por Natã. A culpa é um peso esmagador para quem a carrega. Davi nos conta isso.

> Enquanto escondi os meus pecados,
> o meu corpo definhava de tanto gemer.

Pois de dia e de noite a tua mão pesava sobre mim;
minha força foi se esgotando como em tempo de seca (Salmos 32:3-4).

É uma imagem poderosa. "Meu corpo definhava de tanto gemer."

O que eu poderia ter feito naquela noite quando os comentários de Barry desencadearam uma reação tão pecaminosa em mim? Eu poderia ter dito a verdade. Podia ter dito: "Uau, não tenho certeza do que se passa comigo, mas esses comentários me deixam mal por dentro. Preciso de alguns momentos para pensar". Podia ter me trancado no banheiro na presença de Deus e tê-lo deixado amar-me. Como diz tão eloquentemente a citação de Timothy Keller na abertura deste capítulo: "O evangelho é este: somos mais pecaminosos e falhos em nós mesmos do que ousamos acreditar, mas, ao mesmo tempo, somos mais amados e aceitos em Jesus Cristo do que ousamos esperar".[15]

São a pior e a melhor notícia na mesma frase, e a ordem importa. Se nos concentramos apenas no amor e na aceitação de Jesus, não vemos necessidade de assumir as nossas falhas. O pecado não é apenas fazer coisas más; é colocar qualquer outra coisa no lugar que só Deus pode preencher. Deus não quer as nossas coisas. Deus quer 100% do nosso ser, o nosso eu inteiro. Bom, mau, sujo e feio.

Essa é uma luta que todos nós enfrentamos. C. S. Lewis descreve desta forma: "A coisa mais terrível e que parece impossível de se fazer é entregar todo o seu ser — todos os seus desejos e todas as suas precauções — para Cristo. Mas é muito mais fácil do que aquilo que todos nós estamos tentando fazer em vez disso, que é continuar sendo o que chamamos de 'nós mesmos' para manter a felicidade pessoal como o nosso grande objetivo na vida, e, ainda assim, tentar, ao mesmo tempo, ser 'bons'".[16]

A verdade é que todos nós fazemos besteira. Alguns de nós apenas são melhores em escondê-la do que outros. Mas já não precisamos nos esconder. Acredito que Deus nos está oferecendo uma nova forma de

---

15 KELLER, T. "Sin Quotes". *GoodReads*. Acesso em: 3 fev. 2021. Disponível em: https://www.goodreads.com/quotes/tag/sin. Acesso em: 20 jun. 2022.
16 LEWIS, C. S. *Cristianismo puro e simples*. Rio de Janeiro: Thomas Nelson Brasil, 2017. p. 253.

viver, uma forma de viver em liberdade e graça radical. Deixe-me lhe oferecer uma pequena imagem. Tenho um amigo cujo filho adorava correr nu pela rua quando tinha cerca de quatro anos. Lembro-me de lhe perguntar um dia por que ele gostava de fazer isso, e ele disse: "É gostoso sentir o sol no meu corpo inteiro".

Não estou sugerindo nem por um momento que devemos adotar o hábito interessante desse querido garoto. O que estou dizendo é que não seria maravilhoso se pudéssemos estar espiritualmente nuas diante de Deus — sem segredos, sem portas fechadas, sem ter que nos esconder? Quando fazemos besteiras grandes ou pequenas, não seria ótimo viver na graça do arrependimento imediato? Você consegue imaginar como seria bom sentir o amor de Deus no seu corpo inteiro? Seria uma forma totalmente nova de viver e de amar.

Você acha que essa é uma maneira mais fácil de viver ou mais difícil? Eu penso que são ambas as coisas. Mais fácil simplesmente porque podemos ser verdadeiras, transparentes e livres. Mais difícil porque Deus não está interessado em uma aquisição parcial. Ele não está interessado em negociações. Ele nos quer por inteiro.

Como escreve Lewis: "Cristo diz: 'Dê-me tudo. Não quero uma parcela do seu tempo, uma parcela do seu dinheiro e uma parcela do seu trabalho; eu quero você'".[17]

Por vezes sentimos que, quando fazemos uma besteira em determinada área, devemos entregar essa área a Deus, mas eu digo que não! Deus nos quer por inteiro, nossas forças e fraquezas, as coisas que nos fazem rir em voz alta e as que nos fazem chorar. É muitas vezes no nosso momento mais quebrantado que nos damos conta do quanto somos realmente amadas.

OS CORDEIROS REJEITADOS DE DEUS

Cresci na Escócia, com ovelhas ao meu redor, campo atrás de campo de lã branca e eco de balido incessante nos pastos verdes. De todas as lições

---

17 Ibid., p. 252.

que aprendi com esses animais indefesos e gentis, a mais profunda é também a mais dolorosa. De vez em quando, uma ovelha dá à luz um cordeiro e o rejeita imediatamente. Esses cordeiros são chamados de "cordeiros rejeitados". A menos que o pastor intervenha e leve o cordeiro para a sua casa, esse cordeiro morrerá — não de fome, mas de espírito quebrantado. Assim, o pastor o alimenta à mão, com uma garrafa, e o mantém aquecido junto ao fogo. Ele o embrulha em cobertores macios e o segura no peito para que o cordeiro possa ouvir um batimento cardíaco. Quando o cordeiro for suficientemente forte, o pastor o colocará de volta no campo com o resto do rebanho. De manhã, o pastor estará à beira do campo e gritará: "Ovelhas, ovelhas, ovelhas!" Os primeiros a correr para ele são esses cordeiros, porque conhecem a sua voz. Não porque são mais amados, mas porque acreditam que são amados.

> O porteiro abre-lhe a porta, e as ovelhas ouvem a sua voz. Ele chama as suas ovelhas pelo nome e as leva para fora. Depois de conduzir para fora todas as suas ovelhas, vai adiante delas, e estas o seguem, porque conhecem a sua voz (João 10:3–4).

Serei um cordeiro rejeitado pelo resto da minha vida, mas isso não são más notícias; são as melhores notícias. Não é que Deus ame mais os seus cordeiros rejeitados do que o resto do seu rebanho; é apenas que nós nos atrevemos a acreditar que ele nos ama, mesmo quando caímos da esteira, batemos na parede e queremos desistir. O rei Davi era um cordeiro rejeitado. Todos os homens, mulheres e crianças que se apercebem de que fizeram besteira e vão até o Pastor tal como são, em arrependimento transparente, serão mantidos, serão amados e devolvidos à vida. Ouvimos a sua voz, fomos amparados perto do seu coração e nos entregamos a Ele pelo resto da nossa vida, mesmo havendo peças faltando.

Agarrando-se à Esperança

1. Todos nós somos danificados; foi por isso que Jesus veio.

2. Arrepender-se significa mudar de opinião, reverter o curso.

3. O nome do Senhor tem o poder de mudar a vida.

Deus Pai,
Eu sei que errei. Obrigada
por me amar e por eu ter a liberdade de mudar
por meio da tua graça.
Amém.

Amparadas pelas promessas de Deus

Assim sendo, aproximemo-nos do trono da graça com toda a confiança, a fim de recebermos misericórdia e encontrarmos graça que nos ajude no momento da necessidade.
HEBREUS 4:16

Assim como o Sol nunca se cansa de brilhar, nem o rio de fluir, é da natureza de Deus cumprir suas promessas. Por isso, vá diretamente até o trono dEle e diga: "Faz o que prometeste".
CHARLES H. SPURGEON

Cresci lutando contra dois lados meus. Ambos eram eu, mas não conviviam bem. Durante anos, competiam pela minha atenção. O primeiro era, creio eu, o meu verdadeiro eu. Era meu lado aventureiro, destemido. Era uma menina que subia em árvores, abraçava cães aleatórios e, quando criança, se apresentava com o nome completo a qualquer pessoa que encontrasse: "Olá, meu nome é Sheila Davina Walsh". Essa menina acreditava que tudo era possível e que o mundo era belo e precisava ser explorado.

O segundo lado apareceu após a morte do meu pai e nocauteou aquela criança alegre e destemida. Esse lado tinha medo de tudo. Tinha medo dos homens. Tinha medo de qualquer tipo de confronto. Mesmo a discussão familiar mais branda continha, para essa menina, o potencial de um desastre total. Ela reconhecia lobos em cães. Ficava aterrorizada com qualquer pessoa que estivesse usando uma máscara, por causa daquilo que a máscara poderia estar escondendo. Ela vivia apavorada, porque acreditava que algo terrível estava prestes a acontecer a qualquer momento. Ela acreditava em tudo isso não com base em um medo irracional, mas no que tinha vivido.

A fúria intermitente do meu pai antes da sua morte não só embaralhou as peças do quebra-cabeças da minha família; ela espalhou as peças de tal forma que levei anos para reencontrar algumas. Como criança, achei impossível processar o que tinha acontecido de algum modo que fizesse sentido para mim. Quando a única pessoa que você admira e em quem você mais se apoia se revela um estranho aterrorizador, para onde você corre? Eu era muito próxima da minha mãe, mas o meu pai era o meu herói. Ele era a voz do "Sim, você consegue!" na minha vida. Na noite anterior ao aneurisma cerebral do meu pai, tudo o que eu queria era um cão. Nas semanas e nos meses que se seguiram, tudo o que eu queria era um lugar para me esconder.

Toda a paisagem da minha vida mudou. Eu me assustava quando o telefone tocava, o que não era típico para uma adolescente. Isso era muito antes da chegada dos celulares. Lembro-me de que, em cima da pequena escrivaninha da minha mãe, tínhamos um telefone com disco rotatório verde-oliva ligado a um telefone fixo no corredor. Ainda a vejo ali sentada em um banco conversando com suas amigas ou parentes. Para a minha mãe, o telefone era uma fonte de alegria, de conexão, mas não para mim. Eu sabia que ele traria más notícias, por isso nunca atendia. Se minha mãe ou irmã atendessem e dissessem que era para mim, eu sentia uma onda de pânico no peito. Meu pensamento imediato era: *O que fiz de errado?* — mesmo sabendo que não tinha feito nada. Nada parecia seguro e garantido na vida; tudo e todos podiam mudar em um instante.

Esse tipo de comportamento não era racional, mas era muito real para mim.

UM QUEBRA-CABEÇAS ESPALHADO

Nos últimos anos, aprendemos muito sobre como ajudar as crianças a processar luto, trauma e dor, mas, quando eu era pequena, não tínhamos nenhuma dessas ferramentas. A caixa de ferramentas estava vazia. Simplesmente não falávamos sobre isso. Pode ser uma coisa devastadora quando uma criança é entregue a si mesma e se vê obrigada a tirar as suas próprias conclusões sobre o que lhe aconteceu. Inevitavelmente, ela assume o peso da culpa e o carrega em seus próprios ombros frágeis. Anos mais tarde, quando passei aquele mês em um hospital psiquiátrico, conheci uma mulher que tinha escolhido uma vida de serviço a Deus com uma organização missionária. Ela odiava aquela vida; acabou sofrendo um colapso e foi mandada para casa. A escolha desse caminho foi sua forma de tentar equilibrar a vida. Ela tinha sofrido abusos sexuais na infância durante anos. E decidiu que tudo aquilo tinha sido culpa dela.

Faço aqui uma pausa e penso em você. Pergunto-me se você consegue se relacionar com esse tipo de batalha interna. As experiências traumáticas na infância mudam a forma como vemos e reagimos ao mundo que nos rodeia. O legado pode durar anos.

Se alguém a maltratou de alguma forma quando era criança, particularmente uma pessoa em quem você confiava, que devia amá-la e protegê-la, isso pode lançar uma longa sombra sobre relações futuras. Mais tarde na vida, quando alguém promete amá-la e protegê-la, uma parte de você, conscientemente ou não, pode duvidar dessa promessa.

Quando você se depara com os inevitáveis buracos na estrada que qualquer relação enfrenta, eles podem ter mais significado e história para você. Podem significar mais do que aquilo que está realmente acontecendo naquele momento. Tenho falado com multidões de mulheres e homens que sofreram abusos na infância e suas histórias partem meu coração. Se essa é a sua história, lamento mais do que consigo expressar. Alguém descreveu a experiência de abuso infantil como o ato de ser atirado em uma vala escura e suja. Que lugar miserável para uma criança. A Palavra de Deus não se cala sobre os gritos daquele lugar infernal.

> A vítima deles entrega-se a ti;
> tu és o protetor do órfão.
> Tu, Senhor, ouves a súplica dos necessitados;
> tu os reanimas e atendes ao seu clamor (Salmos 10:14,17).

Em minha humanidade, quero perguntar a Deus por que Ele não interveio e impediu a lesão cerebral do meu pai e os subsequentes abusos. Estou grata por Ele ouvir os gritos daqueles que sofrem, mas será que um Deus de amor não desejaria evitar o sofrimento? Não tenho respostas adequadas. Não sei por que Deus permite que tal mal continue, a não ser pelo fato de que continuamos a viver em um mundo quebrado e cheio de pecado. Sei que, antes do primeiro grito humano, existia um plano para nos salvar.

Conhecendo o coração amoroso de Deus, só posso imaginar a dor que o nosso sofrimento lhe causa.

Sei também que somos chamados a viver pela fé e não pelo que vemos ou pelo que faz sentido para nós. Ser um discípulo nos custa algo. Nunca estive tão convencida de que devemos nos agarrar a essa verdade. Ser um discípulo, um verdadeiro seguidor de Jesus, custará caro. Não nos tornamos membros de um clube quando nos tornarmos cristãos. Tornamo-nos cidadãos de um reino radical, que exige que morramos para nós mesmos.

A mensagem "entregue o seu coração a Jesus e a vida funcionará perfeitamente", que muitas vezes ouvimos pregar, não só é prejudicial: ela é também totalmente contrária ao que a Escritura ensina.

> Eu lhes disse essas coisas para que em mim vocês tenham paz. Neste mundo vocês terão aflições; contudo, tenham ânimo! Eu venci o mundo (João 16:33).

Jesus também nos instrui a tomarmos a nossa cruz e a segui-lo.

> Então Jesus disse aos seus discípulos: "Se alguém quiser acompanhar-me, negue-se a si mesmo, tome a sua cruz e siga-me. Pois quem quiser salvar a sua vida, a perderá, mas quem perder a vida por minha causa, a encontrará. Pois, que adiantará ao homem ganhar o mundo inteiro e perder a sua alma? Ou, o que o homem poderá dar em troca de sua alma?" (Mateus 16:24–26).

Seguir a Cristo não é um passeio no parque, mas nunca, nunca estamos sós, e Ele entrou no nosso sofrimento e acrescentou carne e sangue às promessas de Deus.

VOCÊ NUNCA SERÁ ABANDONADA

Talvez um dos nossos maiores medos na vida é o de sermos abandonados. Quando meu filho compartilhou comigo o seu pesadelo sobre ter medo de ser abandonado, era como se ele estivesse contando parte da minha história de infância.

Quero parar aqui e ajudar você a ver que não importa o que possa estar acontecendo, não importa o que possa estar abalando os alicerces da sua vida neste momento — por causa do que Jesus fez, você nunca será abandonada, nunca será deixada sozinha.

Em Cristo, Deus se dispôs a abandonar a glória do céu e a tornar-se uma criança vulnerável. Ele se dispôs a caminhar onde nós caminhamos, a chorar onde nós choramos e, na cruz, ele recebeu o castigo por cada um dos nossos pecados. Temos um Salvador que já sofreu mais do que qualquer pessoa alguma vez sofrerá.

Não pretendo minimizar o seu sofrimento; deixe-me explicar o que quero dizer com isso. Na cruz, quando o céu escureceu, Cristo estava completamente sozinho. Não consigo imaginar como foi para Cristo, o Cordeiro de Deus perfeito e sem pecado, ter que ver o seu Pai ocultar dele o seu rosto. Sua união eterna foi quebrada durante três longas e agonizantes horas. Só podemos ouvir os seus gritos. E houve trevas sobre toda a terra, do meio-dia às três horas da tarde. Por volta das três horas da tarde, Jesus bradou em alta voz: *"Eloí, Eloí, lamá sabactâni?"*, que significa: "Meu Deus! Meu Deus! Por que me abandonaste?" (Marcos 15:33–34).

Demoremo-nos aqui por um momento. É fácil pensar que conhecemos a história, pulando essas horas devastadoras para chegar ao momento em que Cristo ressuscita vitoriosamente dentre os mortos. Quando fazemos isso, perdemos o convite para tudo aquilo que Cristo sofreu por nós. Ignoramos a empatia profunda que o nosso Salvador tem pela profundidade do nosso sofrimento, porque Ele esteve lá.

Nenhum dos escritores dos evangelhos tenta explicar por que o céu ficou escuro como a noite, desde o meio-dia até as três da tarde, mas o historiador judeu Josefo registra que, às três horas da tarde (ou na nona hora do relógio judeu), era feito o sacrifício da noite.

O verdadeiro Cordeiro da Páscoa estava prestes a ser sacrificado por nós. Cristo tinha estado na cruz desde as nove horas da manhã. Três horas de agonia física, mas nada se compararia ao que as três horas seguintes trariam. Quando o céu escureceu, Deus ocultou seu rosto do seu Filho pela primeira vez na eternidade. Cristo não estava simplesmente citando Salmos 22 quando gritou: "Meu Deus, meu Deus, porque me abandonaste?"; ele estava vivendo o salmo. Durante aquelas três horas, Cristo, que nunca tinha pecado, foi tratado como se tivesse cometido todos os pecados que aqueles de nós que viriam a confiar nEle cometeram. Vício, adultério, avareza, aborto, hipocrisia, orgulho, ódio, amargura, dureza de coração... A lista é interminável. Cristo esvaziou o cálice da ira de Deus até a última gota — é demais para que possamos compreender. A você que sofreu ou sofre neste momento, digo o seguinte: você não merece o que aconteceu; quando a tragédia ataca, a culpa não é sua. Cristo não mereceu o que aconteceu com Ele, mas escolheu isso porque ama você. Foi escolha dEle cumprir todas as promessas que nos foram feitas desde Gênesis até Apocalipse.

Se alguma vez você se sentiu sozinha, abandonada, esquecida, quero que saiba que Cristo está com você. Ele sabe o que é ser jogado naquela vala escura e imunda. Você sabia que, se José de Arimateia não tivesse ido a Pilatos e pedido o corpo de Cristo, ele teria sido jogado no monte de lixo do lado de fora dos muros de Jerusalém e queimado com os outros criminosos?

> Ele foi ignorado. Você foi vista.
> Os gritos dEle não foram ouvidos. Você é ouvida.
> Ele foi abandonado. Você nunca está sozinha.
> Essa é uma promessa sólida!

> Deus mesmo disse: "Nunca o deixarei, nunca o abandonarei" (Hebreus 13:5).

Na língua original, esse texto utiliza um duplo negativo como método de ênfase. É como se o escritor aos Hebreus quisesse se certificar de que seus leitores não ignorassem a mensagem. Na sua Bíblia de estudo, o meu querido amigo dr. David Jeremiah escreve que o versículo pode ser traduzido desta forma: "Nunca, de modo algum vos abandonarei, e nunca, de modo algum vos abandonarei totalmente."[18]

Nunca.
De modo algum.

Seja qual for a sua dor, seja o que for que lhe tenha acontecido e que ainda a atormente, peço agora em nome de Jesus que você rejeite a mentira do inimigo de que você foi abandonada. Você nunca foi abandonada.
E nunca esteve sozinha. A sua dor é real, mas você não está só. Naquele momento, você não estava só. Não está só agora. Você nunca será abandonada. Você está amparada por essa promessa de Deus.

CRISTO É NOSSO CONSELHEIRO

Muitas vezes, a dor levanta mais perguntas do que respostas. Vários anos atrás, uma jovem mulher em um evento me fez uma pergunta: "Se eu lhe contar a minha história, você acreditará em mim?". Eu lhe assegurei que sim, mas sua pergunta me acompanha desde então. Como deve ser passar por uma situação dolorosa, um trauma devastador, um acontecimento que define a vida e ninguém acreditar em você?
Não posso contar quantas histórias ouvi, ao longo dos anos, de pessoas que, quando encontraram coragem para contar a alguém o que lhes tinha acontecido, ninguém acreditou nelas. Isso deve ser como jogar sal em uma ferida ainda aberta. Vou manter os indivíduos anônimos, mas várias dessas histórias me acompanharão para sempre. A pergunta "Por quê?" me assombra.
Uma menina de 12 anos decide dizer: "Mãe, seu namorado, que está vivendo com a gente aqui em casa, abusa de mim sexualmente". A mãe a castiga, chamando-a de mentirosa.

---

18 JEREMIAH, D. *The Jeremiah Study Bible*. Nashville: Worthy Publishing, 2016. p. 1763.

Um jovem rapaz cria coragem para dizer: "Pastor, o pastor de jovens está abusando de mim sexualmente". O pastor não acredita e o abuso continua por mais três anos.

Uma adolescente diz: "Pai, mãe, preciso de ajuda para lidar com uma depressão paralisante". Eles lhe dizem que depressão não existe para um crente em Cristo. Ela deveria apenas orar e ler mais a sua Bíblia. A menina comete suicídio.

Eu poderia preencher página após página com essas histórias, mas você tem as suas próprias. É uma dupla traição quando você sofre e depois ninguém acredita. Uma das lições mais difíceis que tive de ensinar ao meu filho é que a vida não é justa. Christian tem um coração muito compassivo e com essa empatia vem uma paixão pela justiça. É uma das suas maiores qualidades, mas uma qualidade como essa pode ser um calcanhar de Aquiles se você não souber lidar com a injustiça da vida.

Lembro-me de um dia ir buscá-lo na escola e pude perceber pelo olhar no seu rosto que ele estava tendo dificuldades com alguma coisa. Eventualmente, ele se abriu e me contou o que tinha acontecido. O resumo da história é: um dos seus melhores amigos fez algo que perturbou a aula e culpou o Christian por isso. Algo assim já era suficientemente difícil, mas a gota d'água foi que o professor acreditou no amigo dele. Christian pediu que seu amigo dissesse a verdade ao professor, mas ele se recusou. Lembro-me do olhar nos seus olhos enquanto ele me contava a história. Ele estava magoado e zangado. Por que o professor acreditou no seu amigo? Por que seu amigo não contava a verdade?

Esses momentos da vida são importantes. As pessoas acreditarão em nós? Obviamente, acreditei nele, mas, mesmo que as pessoas acreditem em nós, o que faremos com a fúria que sentimos quando vemos quão injusta a vida pode ser?

Naquela noite, quando Christian estava pronto para ir para a cama, pedi que viesse dar um passeio comigo. Antes de sairmos, eu lhe dei um saco de farinha muito grande para levar. Disse que iríamos precisar dela na nossa aventura. Caminhamos durante bastante tempo em silêncio; a única interrupção foi esta pergunta, que todos os pais conhecem: "Quando vamos chegar?".

Finalmente, ele se sentou na grama e declarou que não conseguia andar mais. Depois conversamos. Disse-lhe que o seu amigo provavelmente já estava dormindo e aqui estava ele, carregando um pesado saco de farinha em vez de estar na cama. Ele me lembrou de que a farinha e o passeio tinham sido ideia minha. Sorri e lhe disse que estava ciente disso, mas que queria que ele compreendesse o que a farinha representava.

"A farinha é como a dor que você carrega no interior. Você quer que a vida seja justa, querido. Já percebi isso. A realidade é que a *justiça* não vive aqui, mas Jesus vive aqui."

Falamos sobre o poder do perdão, ao qual ele resistiu muito inicialmente. O seu amigo não se arrependeu, então por que deveria perdoá-lo? Boa pergunta. Enquanto estávamos sentados à beira de um campo de golfe sob uma lua cheia perfeita, compartilhei com ele um princípio que mudou a minha vida: era sobre o perdão. "Deus não quer que você perdoe para que você seja um bom cristão. Não. O perdão é um presente de Deus para que possamos viver em um mundo que não é justo."

Quando você é ferido por alguém que não se arrepende, o que é que você faz com essa dor? Sem controle, ela pode apodrecer durante anos e afetar o resto da sua vida. Infelizmente, tenho orado com muitos homens e mulheres que parecem estar presos naquilo que aconteceu com eles.

Você foi abandonada pelo seu marido. Ele seguiu em frente, voltou a se casar e está financeiramente seguro. Você foi abandonada em um lugar vulnerável, sozinha, descartada. Tão injusto.

Alguém mentiu sobre você no trabalho. Isso lhe custou o emprego. A pessoa agora não só está segura, como também foi promovida. Tão injusto.

Você lutou incansavelmente para obter a custódia total dos seus filhos devido ao tipo de pessoa com quem era casada e à forma como ela tratava seus filhos no passado. O advogado do seu ex diz que você é mentalmente instável e está em tratamento psiquiátrico. A única razão pela qual você está tomando medicamentos é a tentativa de superar esse pesadelo. O juiz fica do lado do seu ex e julga a favor dele. Tão injusto.

Os cenários são infinitos, mas a questão é simples: o que você faz quando está em uma situação assim?

Fica preso para sempre?
Fica preso até que alguém lhe peça perdão?
Fica preso até que alguém acredite em você?
Não! Jesus oferece uma solução melhor.

Se você carregou um saco interno de farinha durante anos, há um lugar para onde você possa levá-lo. Se você foi ferida e depois ninguém acreditou em você, existe um convite para um lugar de descanso e paz. Perdoar alguém não desfaz o que aquela pessoa lhe fez. Não anula o erro; mas liberta você. É como levar até o pé da cruz, onde ocorreu a maior injustiça da história humana, esse gigantesco saco de farinha que você carrega há tanto tempo, e deixá-lo lá. Entregue-o a Jesus. Permita que Ele assuma tudo, pois Ele ama você e — quero que ouça isto — *Ele acredita em você*. Isso é uma promessa. O mundo em que vivemos não é justo. Todos sabemos disso. O que Cristo oferece a cada um de nós é um lugar para o qual podemos levar essa bagagem. Eugene Peterson parafraseia Mateus 11:28–30 desta forma em *A Mensagem*:

> Vocês estão cansados, enfastiados de religião? Venha a mim. Andem comigo e irão recuperar a vida. Vou ensiná-los a ter descanso verdadeiro. Caminhem e trabalhem comigo! Observem como eu faço! Aprendam os ritmos livres da graça! Não vou impor a vocês nada que seja muito pesado ou complicado demais. Sejam meus companheiros e aprenderão a viver com liberdade e leveza.

Você não acha incrível que, centenas de anos antes de Cristo nascer, o profeta Isaías nos disse que um Conselheiro chamado Maravilhoso estava a caminho?

> Porque um menino nos nasceu, um filho nos foi dado, e o governo está sobre os seus ombros. E ele será chamado Maravilhoso Conselheiro, Deus Poderoso, Pai Eterno, Príncipe da Paz (Isaías 9:6).

Muitas vezes, você ouvirá a expressão "Maravilhoso Conselheiro", como se a primeira palavra descrevesse o tipo de conselheiro que Jesus será. Mas, na língua original, "Maravilhoso" é uma expressão própria. Não é um adjetivo; é um substantivo; é o nome dele. Quando o anjo do Senhor (uma aparição de Cristo no Antigo Testamento) apareceu ao pai de Sansão no livro de Juízes, ele disse isto: "Por que pergunta o meu nome? Meu nome está além do entendimento" (13:18).

Essa é uma promessa poderosa para você neste momento, não importa o que esteja enfrentando. Em Cristo, você tem o Conselheiro supremo. Você pode derramar o seu coração enquanto joga aquele saco de farinha aos pés dEle. Ele é bom. Ele está no controle. Ele é por você. Ele é Maravilhoso. Isso é uma promessa.

AS COISAS EM QUE ACREDITAMOS SOBRE NÓS MESMAS

Adoro o fato de podermos derramar a nossa dor perante Jesus. Podemos contar-lhe tudo o que nos aconteceu e saber com certeza que Ele nos acolhe, que nos ouve. Mas como podemos mudar o que dizemos a nós mesmas? Como é que mudamos o que vemos no espelho todos os dias?

Como as promessas de Deus nos sustentam quando a imagem que temos de nós mesmas é distorcida? Às vezes, a maior batalha que enfrentamos não é lidar com o que outros fizeram conosco, mas lidar com a forma como essa ação tem prejudicado a nossa própria imagem de quem somos em Cristo. Infelizmente, muitas de nós convivem com essas imagens distorcidas todos os dias da nossa vida.

Quando Barry e eu começamos a namorar, estávamos vivendo no sul da Califórnia. Adoro o litoral e, em um sábado, sugeri que fizéssemos um piquenique na praia. Fiquei surpreendida quando Barry apareceu de calças compridas em um dia em que fazia 27 graus. Fomos de carro até Laguna Beach, encontramos um local calmo e estendemos as nossas toalhas. Quando perguntei por que não estava de bermudas, ele hesitou por um momento e depois me disse que suas pernas eram muito fininhas. As pernas de Barry não eram fininhas, mas ele carregava uma lembrança dolorosa de ter sido chamado de "cabeça de ovo em um graveto" quando tinha apenas seis anos. Na realidade, ele tinha pernas perfeitamente normais e adoráveis, mas tinha sido provocado de tal forma que o rótulo "magricela" tinha sobrevivido aos fatos.

Tenha cuidado quando sentir a liberdade de fazer uma pergunta sensível a alguém, pois você acabou de autorizar essa pessoa a fazer o mesmo.

Barry me perguntou por que eu estava usando uma camiseta por cima do meu maiô. Faltou-me a coragem de dizer a verdade durante algum tempo. Inventei uma desculpa, disse que era sensível ao sol — o que provavelmente era verdade, pois sou escocesa, e a maioria das minhas viagens à praia na infância envolvia não uma camiseta, mas um suéter e um casaco —, mas essa não era toda a verdade. A verdade era que eu sentia vergonha do meu corpo. Quando "me desenvolvi" durante a adolescência, detestava o fato de receber mais atenção dos rapazes. Isso fazia eu me sentir desesperadamente insegura. Para mim, atenção sempre me trazia uma sensação de ameaça. A lembrança de um dia em especial ainda me faz suar frio!

Usávamos uniformes na nossa escola secundária. Saia cinza, blusa branca, gravata dourada e azul-marinho, blazer azul-marinho. Todas tínhamos a mesma aparência, eu não chamava a atenção. Mas um dia o nosso diretor anunciou que, na sexta-feira seguinte, poderíamos usar o que quiséssemos. Coloquei jeans e uma camiseta do Mickey Mouse e me senti muito bem... até sair do ônibus escolar.

Um dos rapazes mais velhos olhou para mim e disse: "Uau, quem diria que o Mickey tem orelhas tão grandes!". Eu podia ter morrido. Sei que meu rosto assumiu a cor de um tomate maduro à medida que todos começaram a rir. Fui diretamente ao escritório da enfermeira da escola e perguntei se ela podia me emprestar um suéter. Sei que algumas mulheres se sentem muito orgulhosas dos dons que Deus lhes deu nesse departamento, e de fato devem sentir isso, mas, para mim, era uma vergonha. Para mim, significava que eu era diferente, que eu virava objeto de piadas quando os holofotes vinham em minha direção.

Essa convicção foi inscrita em mim em um nível ainda mais profundo quando fui lançada como líder da produção do *West Side Story* da nossa escola. Eu não queria o papel feminino principal, que era o de Maria, mas minha professora de música, inconsciente do meu medo e da minha autoaversão, insistiu. O ensaio geral antes da noite de abertura foi na frente de toda a escola. Maria entoa canções bonitas, como *Tonight* e *Somewhere*, mas, quando comecei a cantar o clássico *I Feel Pretty*, era como se o mundo inteiro desabasse sobre mim. Eu estava no meio da canção quando um rapaz gritou: "Bem, você não é!". A sala inteira caiu na risada. Parei de cantar, paralisada, todos os olhos voltados para mim. Tudo isso deve ter durado apenas cerca de trinta segundos antes de o maestro da orquestra da escola passar para a música seguinte, mas pareceu uma eternidade. Eu tinha sido rotulada publicamente como "nada bonita". Era como eu já me via, mas, quando isso foi confirmado por quatrocentos alunos, foi como se o rótulo fosse tatuado na minha alma. Se você tivesse descido até o fundo dos meus medos, teria encontrado esta pedra angular: há algo de errado comigo.

Demorei anos até, com a ajuda do Espírito Santo, conseguir me olhar no espelho e amar a pessoa que ali vejo. Já que trabalho na televisão, tenho uma maquiadora maravilhosa que consegue encobrir o olhar de "adivinha quem não dormiu bem nesta noite" no estúdio, mas quero que saibam que, quando tiro a maquiagem, vejo uma mulher que Jesus ama. É isso que eu também quero para você. Deixe-me pedir-lhe que considere algumas perguntas antes de compartilhar três das mais poderosas promessas da Palavra de Deus.

O que diz a sua pedra angular?
Quais são os rótulos que você usa há muito tempo, sem os quais você não conseguiria descrever a si mesma?
Como as promessas de Deus poderiam ajudar você a persistir quando quer desistir?
Se você não se sente amada, como a promessa do amor de Deus a afeta?
Se você acredita que não é e nunca será boa o suficiente, como a promessa da graça e da força de Deus poderia afetar essa crença?
Se você acredita que sempre será atormentada pela ansiedade, como a promessa de paz de Deus rompe essa convicção?
Se você acredita que não existe um plano para a sua vida, como a promessa da presença de Deus poderia dialogar com essa crença?

AGARRE-SE ÀS PROMESSAS DELE

Quando li a citação de Charles H. Spurgeon no início deste capítulo pela primeira vez, eu a achei um tanto mal-educada, particularmente esta parte: "Por isso, vá diretamente até o trono dEle e diga: 'Faz o que prometeste'". Pensei: *Quem sou eu para dizer a Deus o que Ele deve fazer?* Mas, após refletir um pouco, pensei: *Por que Deus nos daria tantas promessas se não devêssemos nos agarrar a elas e persistir com unhas e dentes, lembrá-lo delas e lembrar-nos também a nós mesmos?*

O ano de 2020 mostrou a todos nós que tudo pode mudar em um momento. As coisas que estavam garantidas em um dia desapareceram no dia seguinte. Coisas que considerávamos normais, como celebrações de Natal ou aniversários em família, já não eram mais um direito garantido; eram um privilégio com diretrizes e restrições muito específicas. As pessoas perderam empregos, casas, entes queridos, segurança financeira e muito mais. Como já mencionei, no meu ponto mais baixo desse ano, assumi um novo compromisso de mergulhar profundamente na Palavra de Deus e descobrir o que não mudou e não mudará. Se você consumir sempre os noticiários e a loucura das redes sociais, isso dará origem à ansiedade e ao medo, mas uma dieta constante das promessas de Deus lhe fornecerá um lugar firme e sólido, independentemente do que mais estiver temendo. Vamos mergulhar no que Deus prometeu e em como essas promessas podem nos ajudar a perseverar.

Algumas promessas humanas são condicionais, dependem das circunstâncias ou são feitas para não ferir os sentimentos de alguém.

"Será que vou perder peso com essa dieta?" "Prometo que você perderá peso se seguir as regras."

"Você virá pra casa no Natal?" "Prometo a você que irei se possível."

"Será que essas calças aumentam meu bumbum?" "Prometo que não."

Jesus, assume a direção!

É importante não colocar as promessas de Deus na mesma categoria que qualquer coisa que já lhe tenha sido prometida. As promessas de Deus são 100% confiáveis 100% do tempo. Não são condicionais, não dependem das circunstâncias e são verdadeiras. As promessas de Deus dependem do próprio Deus e Ele não pode mentir. "Pois quantas forem as promessas feitas por Deus, tantas têm em Cristo o 'sim'" (2 Coríntios 1:20).

As promessas de Deus nem sempre fazem sentido para nós na nossa linha do tempo, mas nunca, jamais permitamos que isso nos faça duvidar de que podemos confiar nelas. Existem mais de 7 mil promessas na Bíblia, mas, para os nossos propósitos aqui, quero me concentrar em três promessas centrais que nos sustentam quando estamos lutando para persistirmos pelas nossas forças.

Primeira promessa: nada pode nos separar do amor de Deus
Comecemos pelo que poderíamos chamar de a promessa mais importante de todas: a promessa do amor de Deus. Quando Paulo escreveu à igreja em Roma, disse o seguinte:

> Pois estou convencido de que nem morte nem vida, nem anjos nem demônios, nem o presente nem o futuro, nem quaisquer poderes, nem altura nem profundidade, nem qualquer outra coisa na criação será capaz de nos separar do amor de Deus que está em Cristo Jesus, nosso Senhor (Romanos 8:38,39).

A palavra grega traduzida como "convencido" tem uma história muito maior a contar. No tempo verbal grego, poderíamos entendê-la como "Tornei-me e continuo convencido".[19] O que Paulo está dizendo é que, quando entrou em uma relação com Cristo (o que, lembre-se, foi uma conversão bastante dramática em Atos 9), ele estava convencido de que nada nem ninguém poderia separá-lo do amor de Deus. Agora, quase vinte anos depois, Paulo escreve essa carta tendo passado por momentos devastadores e faz a afirmação de que ainda está absolutamente convencido de que nada, nada nos pode separar do amor de Deus.

Teria sido fácil para Paulo, no primeiro entusiasmo de sua relação com Jesus, fazer tal afirmação. Na realidade, no caminho para Damasco, ele esteve frente a frente com o Cristo ressuscitado. Cego pela luz da presença de Cristo, perguntou: "'Quem és tu, Senhor?'. Ele respondeu: 'Eu

---

19 JEREMIAH. *The Jeremiah Study Bible*, p. 1551.

sou Jesus, a quem você persegue!'" (Atos 9:5). A partir dessa conversão dramática, Paulo se entregou totalmente ao Senhor.

A vida para Paulo, a partir daquele momento, foi um desafio atrás do outro. Ele foi espancado, encarcerado, apedrejado e largado para morrer; sofreu fome e naufrágio. Mas, tendo passado por tudo isso, ele fala conosco agora mesmo e diz: "Ainda estou convencido!". Não há nada que possa nos separar do amor de Deus.

Nenhum divórcio.
Nenhum câncer.
Nenhuma falência.
Nenhuma dúvida de si mesmo.
Nenhuma traição.
Acrescente aqui a sua história.

Não há nada no céu, ou na terra, ou debaixo da terra que possa nos separar do amor de Deus. É uma promessa fundacional.

Segunda promessa: tudo servirá ao nosso bem
Uma das coisas que nos traz ansiedade e nos faz entrar em pânico é quando parece que a vida está fora de controle. Se vivermos com a convicção de que, porque Deus nos ama, Ele orquestrará os detalhes da nossa vida de uma forma que faça sentido para nós, seremos desiludidos vez por vez. Mais do que isso, seremos tentados a acreditar que as coisas correram terrivelmente mal. Seremos tentados a desistir. Romanos 8:28 é um dos versículos mais citados das Escrituras, mas também um dos menos compreendidos:

> Sabemos que Deus age em todas as coisas para o bem daqueles que o amam, dos que foram chamados de acordo com o seu propósito.

Uma leitura rápida pode passar a impressão de que tudo *está* bem e *faz sentido* para aqueles que amam a Deus, mas não é isso que o texto diz. Quando continuamos a ler, obtemos uma compreensão melhor:

> Pois aqueles que de antemão conheceu, também os predestinou para serem conformes à imagem de seu Filho, a fim de que ele seja o primogênito entre muitos irmãos (v. 29).

O objetivo da nossa vida nos melhores e piores dias é tornar-nos mais parecidas com Jesus. Esse é o objetivo da nossa vida: tornar-nos mais parecidas com Jesus. A promessa de Romanos 8:28 é que, não importa o que nos aconteça, Deus agirá para o nosso bem. Não diz que tudo será sempre bom, porque claramente isso não é verdade. Mas nada é desperdiçado por Deus. Você não chorou uma única lágrima que caiu no chão que não tenha sido notada.

Um dos passos da minha própria cura tem sido agradecer a Deus por essa promessa. Eu apresentei a Ele conscientemente todos os fragmentos da minha vida quebrantada: a morte do meu pai por suicídio, a minha depressão, o meu mês em um hospital psiquiátrico, os meus fracassos como esposa, mãe e amiga. Depositei tudo aos pés dEle.

Você faria isso? Como ato de fé, traria todos os fragmentos da sua história até Deus e lhe agradeceria pelo fato de Ele ter prometido desdobrar o bem em tudo?

Podemos escolher viver por promessas e não por explicações. Warren Wiersbe diz: "Viver pela fé significa obedecer à Palavra de Deus apesar dos sentimentos, das circunstâncias ou das consequências. Significa ficar com a verdade de Deus, por mais pesado que seja o fardo ou por mais escuro que seja o dia, sabendo que Ele está elaborando o seu plano perfeito. *Significa viver por promessas e não por explicações*".[20]

Por isso somos sustentadas pela poderosa promessa do amor de Deus. Somos sustentadas pela promessa de que Deus trará o bem em tudo para aqueles que o amam e são chamados de acordo com o seu propósito.

Mas, se você estiver se sentindo um pouco cansada, vamos ver uma promessa final.

Terceira promessa: Deus nos dará novas forças
Amo muito essa promessa, porque é uma promessa a longo prazo. Ela nos dá força para, como Eugene Peterson escreveu, *uma longa obediência na mesma direção*. É a promessa que me deu força ao longo de toda a minha caminhada.

---

20 WIERSBE, W. W. *Be Obedient*: Learning the Secret of Living by Faith. 2. ed. Colorado Springs: David C. Cook, 2010. p. 15, grifos no original.

> Mas aqueles que esperam no Senhor renovam as suas forças (Isaías 40:31).

Amo a tradução desse versículo na versão *Amplified* [Ampliada]:

> Mas aqueles que esperam no Senhor [que esperam e buscam nEle]
> Ganharão nova forças *e* renovarão seu poder;
> Elevarão suas asas [e se levantarão para perto de Deus] como águias [que voam em direção ao sol];
> Correrão e não se cansarão,
> Caminharão e não se fadigarão.

Como adolescente, cresci com a versão de *King James* desse versículo:

> Mas aqueles que esperam no Senhor renovarão sua força.

Eu entendia isso ao pé da letra e achava que devia me sentar e esperar que Deus me desse novas forças. Foi uma longa espera e nada aconteceu. Agora leio esse texto de forma muito diferente. "Esperar" significa "ter *esperança*", olhar para Deus em tudo. Tornei-me uma espécie de perseguidora de Deus!

Estou sempre falando com Ele. Leio a sua Palavra e medito sobre suas promessas, confiando que Ele está me amparando, e eu estou me amparando nEle. Quanto mais descubro sobre Deus, maior Ele se torna. É como diz uma das minhas passagens favoritas de C. S. Lewis em *Príncipe Caspian*:

> "Aslan", disse Lucy, "você está maior".
> "Isso é porque você está mais velha, pequena", respondeu ele.
> "Não é porque você está maior?"
> "Não estou. Mas a cada ano que você cresce, você me encontrará maior".[21]

---

21 LEWIS, C. S. *Prince Caspian: The Return to Narnia*. [Tradução livre.]

Eu adoro isso! Quanto mais nos aproximamos de Jesus, maior Ele se torna em nossa vida e mais compreendemos suas promessas e confiamos nelas. Há tantas promessas que poderíamos ter desembrulhado neste capítulo, mas oro para que essas três abracem você com força quando sentir a tentação de desistir. Você pode largar o seu saco de farinha e adorar aos pés dEle. Lembre-se:

Nada pode separá-lo do amor de Deus.
Tudo servirá ao seu bem.
Deus lhe dará novas forças.
Permaneça forte. Essas são as promessas de Deus!

Agarrando-se à Esperança

1. A "justiça" não mora aqui, mas Jesus vive.

2. Deus nunca a decepcionará nem abandonará.

3. As promessas de Deus são 100% confiáveis — em 100% do tempo.

Deus Pai,
Obrigada por tuas promessas.
Obrigada por me amparar.
Amém.

Amparadas pelo Deus que resgata

Eu, porém, confio em teu amor;
o meu coração exulta em tua salvação.
Quero cantar ao Senhor
pelo bem que me tem feito.
SALMOS 13:5-6

O amor cai suavemente em cada lesão como neve no
congelado chão. E parecia um sonho distante a vida
que despertará na Primavera prometida.
SHEILA WALSH

Era uma noite de novembro extremamente fria, quando Christian e eu saímos do supermercado e voltamos apressadamente para o carro. Parecia que ia nevar, algo que não vemos com frequência no Texas. De repente, ele parou. "Mãe, você está ouvindo isso?", perguntou. Eu parei e escutei. No início, tudo o que conseguia ouvir era o trânsito apressado, mas então ouvi. Era tênue, mas conseguia ouvir algo a chilrear no chão.

"De onde acha que vem?", perguntei.

"Acho que está embaixo dessa caminhonete", ele respondeu.

Ficamos de joelhos e olhamos por baixo do veículo. Foi difícil enxergar alguma coisa no início, pois a única luz vinha dos carros que passavam, mas ali estava, um pequeno passarinho descansando encostado em um dos pneus. Era tão pequeno! Provavelmente recém-nascido. Supondo que tinha caído de um ninho, tentamos ver de onde ele poderia ter caído ou encontrar uma mãe que pudesse estar à procura do seu bebê. Nada, nenhum outro pássaro à vista. Sabíamos que não podíamos deixá-lo ali. Assim que o proprietário da caminhonete aparecesse e saísse do estacionamento, ele o atropelaria involuntariamente. Decidimos levá-lo para casa e determinar o que fazer a partir dali. Christian entrou na loja e pediu uma pequena caixa de papelão. Quando voltou com a caixinha perfeita, ele usou a lanterna do seu celular para iluminar o pássaro bebê.

Pegá-lo foi bastante fácil, pois era pequeno e parecia estar congelado. Coloquei-o cuidadosamente dentro da caixa e voltamos para casa.

Coloquei a caixa junto à lareira e mostrei ao Barry o nosso novo amiguinho.

"Que vai fazer com ele?", perguntou. "Deve estar com fome."

Christian fez uma pequena pesquisa *on-line* e leu os resultados em voz alta.

"Ele deve ser alimentado a cada duas ou três horas, com um conta-gotas ou uma seringa. Ovos mexidos, podemos alimentá-lo com ovos bem moles."

Eu não tinha certeza de que isso funcionaria, mas funcionou. De duas em duas horas, quando abria a caixa, lá estava ele, de boca aberta, à espera da próxima refeição daquela noite. Depois de irmos para a cama, programei o meu alarme para intervalos de duas horas. No início, esperava que ele conseguisse dormir a noite toda, mas não: a boca se abria às 2 da manhã, às 4 da manhã, às 6 da manhã e às 8 da manhã, exatamente na hora marcada. Demos a ele o nome de Chirp.

Eu sabia que não podíamos e não devíamos tentar criar um pássaro bebê. Chirp precisava estar com a sua própria espécie. Descobrimos que havia um santuário de animais selvagens a cerca de uma hora da nossa casa. Assim, naquela manhã, Christian e eu fomos de carro até o santuário. O que vimos lá dentro foi inesquecível.

Esse santuário específico cuida apenas de aves, de todos os tipos. Enquanto esperávamos que alguém nos ajudasse, fiquei fascinada com a variedade de pássaros lá dentro. Muitos estavam em grandes gaiolas que imitavam o seu hábitat natural, mas alguns voavam livremente dentro do prédio que abrigava o santuário. Havia um pelicano branco, um macau azul e dourado, corujas, falcões — uma exibição deslumbrante de todos os tipos de amigos emplumados. Não demorou e um jovem veio nos ajudar. Abri a caixa e mostrei-lhe o Chirp. Ele garantiu que podiam cuidar dele e, quando fosse suficientemente forte, poderia ser devolvido ao mundo selvagem. Perguntei-lhe a percentagem de aves capazes de regressar ao seu hábitat. Ele nos disse que cerca de 80% são capazes de ser libertos. Os outros 20% já se acostumaram com os humanos ou seus ferimentos são debilitantes demais para que possam cuidar de si mesmos na natureza, então o santuário torna-se o seu lar permanente. Agradeci-lhe e, ao virar-me para sair, vi uma pequena coruja-das-torres empoleirada ao lado de um falcão, uma visão que normalmente não se vê na natureza.

"As corujas e os falcões costumam se dar bem?", perguntei.

"Os resgatados, sim", disse com um sorriso.

Pensei sobre isso durante muito tempo.

Ser resgatado nos muda.

Ser resgatado é pessoal.

Ser resgatado pode ser doloroso.

Ser resgatado significa ser amparado.

A DOR DO RESGATE

Não acredito que a coruja, que tinha perdido a maior parte da sua asa direita, ou o falcão, com coluna fraturada, tivessem escolhido as circunstâncias que os levaram ao santuário das aves. Na época, o que aconteceu foi cruel e doloroso, mas o seu resgate mudou tudo. Agora, estavam a salvo. Tinham um local quente para viver e comida para comer. Tinham até encontrado um amigo que, em certo momento, teria sido visto como um inimigo. Era o novo normal.

Parece fazer sentido que a tragédia precede o salvamento. Não é preciso resgatar uma criança que cai no gelo, a menos que o gelo ceda por baixo dela. Uma família não precisa ser resgatada de uma casa em chamas, a menos que a casa esteja em chamas. Esses tipos de resgate ocupam os noticiários, mas e quanto às tragédias que nunca chegam às manchetes? E quanto às tragédias que acontecem no interior? E se, neste momento, você sentir que o gelo está rachando sob seu peso, mas ninguém a vê? E se sentir que a casa está em chamas à sua volta, mas ninguém mais sente o calor ou o cheiro da fumaça?

Pergunto-me muitas vezes quantas pessoas se sentam na igreja domingo após domingo semimortas por dentro, ansiando um resgate, mas não tendo a menor ideia de como pedir ajuda ou se a ajuda realmente está disponível. Fiz isso durante anos. Não que eu tivesse feito algo de errado e estivesse em apuros; o problema estava em mim. Lembro-me de estar sentada do lado de fora em uma manhã fria; flocos de neve estavam caindo à minha volta. Sentia-me cansada demais para ler a minha Bíblia ou até mesmo para absorver o que poderia ter lido. Tudo o que conseguia orar era: "Ajuda-me!". Eu não fazia ideia de como seria essa ajuda, mas jamais teria me candidatado ao que estava prestes a acontecer. Aquela mesma oração de duas palavras estava nos meus lábios naquela primeira noite no hospital.

Se você tivesse sentado comigo no chão do meu quarto naquela noite e me tivesse dito que o que estava prestes a acontecer comigo naquele exato momento era uma resposta à minha oração, parte do plano de resgate de Deus, eu não teria acreditado em você. Tudo o que eu estava vivenciando, tudo o que sentia e pensava ser verdade teria impedido isso. Se esse era um plano de resgate, ele me parecia cruel. Ao folhear capítulos da minha vida na minha mente, era como se alguma peça do quebra-cabeças tivesse sido incinerada diante dos meus olhos. A minha oração por ajuda tinha resultado no meu maior pesadelo, um hospital psiquiátrico. É difícil expressar adequadamente o porquê de eu estar tão aterrorizada com aquele lugar. Eu sabia muito pouco sobre o tempo que o meu pai tinha passado no nosso hospício local. Sabia que ele tinha sido fortemente sedado algumas vezes. Sabia dos muitos dias em que ele se sentou com a cabeça nas mãos e chorou. Eu sabia que ele tinha sido submetido a uma terapia de choque elétrico antes de se afogar. Mas o resto era um mistério que a minha jovem mente preencheu com imagens sombrias e perturbadoras, além de pesadelos. Pesadelos de que eu terminaria igual ao meu pai. Uma noite solidificou o que eu já temia.

Eu tinha cerca de 16 anos e um tio me disse: "Você é igual ao seu pai, Sheila".

Tenho a certeza de que ele disse isso como elogio. *Você tem os olhos castanhos dele. Você canta igual ao seu pai.*

Não foi isso que ouvi. O que ouvi foi: "Você é danificada igual ao seu pai. Há uma rachadura na sua alma, e, um dia, por mais rápido que corra ou por mais que se esforce, você vai se partir ao meio".

Agora aqui estava eu, no lugar dos meus pesadelos, por isso implorei a Deus que me tirasse a vida.

"Deus, se tiver um grama de misericórdia comigo, por favor, leva-me para casa. Eu não consigo fazer isso. Estou apavorada."

Eu queria sair do meu pesadelo, mas não era esse o plano de salvação de Deus. Seu plano era levar-me diretamente ao outro lado, sem jamais me deixar sozinha. Aprendi através dessa experiência que o nosso medo é, muitas vezes, muito mais potente do que aquilo que nos dá medo.

Lembro-me de ouvir minha amiga Jennifer Rothschild falar sobre a diferença entre a *graça dos participantes* e a *graça dos espectadores*. Há uma graça dada por Deus àquele que está caminhando por uma noite escura, diferente da graça dada àquele que está apenas assistindo. Eu recebi essa graça de participante. Em vez de ser um lugar de pesadelos, o hospital foi um lugar de conforto e compreensão. Tornou-se um lugar de comunidade para mim, a comunidade dos quebrantados e destemidos. Agora sorrio quando me lembro de como os outros pacientes me elegeram ministra do entretenimento. Esse deveria ser o item número um do meu currículo. Ministra de Entretenimento em uma ala psiquiátrica. É um alívio cair do pedestal seguro, mas solitário, e juntar-se àqueles que amam Jesus, mas não têm todas as respostas.

Não havia como voltar ao normal. O plano de resgate de Deus tinha um novo normal. Ser resgatada mudou-me. Não só isso, mas seu resgate incluiu uma profundidade de graça e glória, além da pura alegria de ser amparada, que nada mais poderia ter proporcionado. Não digo algo assim levianamente. Implorei para morrer e agora adoro viver.

> O amor cai suavemente em cada lesão como neve no congelado chão. E parecia um sonho distante a vida que despertará na Primavera prometida.

Escrevi isso no meu diário alguns meses mais tarde. A própria estação que parecia ser o inverno mais frio da minha vida era na realidade o plano perfeito de Deus para regar a vida que Ele sabia que estava debaixo do solo congelado. Eu quero essa vida para você. Quero que saiba que, embora a sua história seja diferente da minha, Deus está empenhado no seu resgate.

> Porque ele me ama, eu o resgatarei;
> eu o protegerei, pois conhece o meu nome.
> Ele clamará a mim, e eu lhe darei resposta,
> e na adversidade estarei com ele;
> vou livrá-lo e cobri-lo de honra (Salmos 91:14-15).

Sento-me aqui à minha escrivaninha pensando em você e no que pode estar enfrentando neste momento. O que posso dizer que possa dar verdadeira esperança para o seu próprio resgate pessoal? Sinto-me como se fosse apenas uma nota de esperança na grande sinfonia de Deus de resgate e redenção.

AMPARADA POR DEUS

> Quando você atravessar as águas, eu estarei com você; e, quando você atravessar os rios, eles não o encobrirão. Quando você andar através do fogo, você não se queimará; as chamas não o deixarão em brasas (Isaías 43:2).

Outra nota de esperança me alcançou na forma de um novo amigo ainda mais bonito e quebrantado. Todas as semanas, no *Life Outreach International*, tenho o privilégio de entrevistar convidados no nosso programa de televisão *Life Today*. Muitas das suas histórias deixam uma marca no meu coração, mas poucas são tão profundas como as de Vaneetha. Para ouvir toda a sua história, recomendo que leia o livro dela, *Walking Through Fire* [Caminhando através das chamas]. Há camada após camada de tragédia, mas o resgate que ela continua vivendo até hoje é lindo. Com a permissão dela, quero compartilhar apenas um pouco daquilo sobre o que conversamos naquele dia.

Vaneetha contraiu poliomielite quando criança, mas, devido a um diagnóstico errado, viveu dentro e fora dos hospitais durante dez anos. Enfrentou *bullying* interminável na escola, o que tornou a vida insuportável, mas ela me disse que sua vida mudou depois de se tornar cristã. Ela teve um novo sentido de propósito e de pertença. Os anos seguintes foram cheios de alegria e esperança. Vaneetha formou-se na faculdade e depois foi para a Stanford para fazer seu MBA, onde conheceu e se casou com seu marido.

Tendo perdido os bebês nas três vezes anteriores, ela ficou animada, mas nervosa, quando descobriram que estava grávida de novo. No ultrassom, na esperança de descobrir o sexo do bebê, souberam que era um menino, mas com graves problemas cardíacos. Parecia que o bebê tinha apenas metade do coração. O médico lhes disse que, a menos que o bebê passasse por uma série de três cirurgias, a primeira ao nascer, ou por um transplante de coração imediato, ele viveria cerca de duas semanas. Não consigo imaginar um recém-nascido a sofrer uma cirurgia tão invasiva, mas, sabendo que essa era a sua única esperança, eles concordaram.

A primeira das três cirurgias correu bem e, após oito dias, Vaneetha foi autorizada a levar Paul David, seu filhote, para casa. Foi estressante cuidar de um bebê tão pequeno que tinha suportado tanto, mas ele estava indo bem. Em uma consulta, quando ele tinha seis semanas, um médico diferente, não compreendendo por completo todas as complicações que esse pequeno enfrentava, suspendeu a maior parte dos seus medicamentos. Em poucos dias, seu pequeno filho morreu. Esse bebê, por quem tinham orado e lutado e que tinha suportado tanto na sua curta vida, desapareceu devido a um erro do médico. Dor indescritível. Foi apenas quando Vaneetha usou a expressão "ter sido amparada por Deus" no meio da sua dor que percebi que já tinha ouvido a história dela muito antes de conhecê-la.

Lembro-me da primeira vez que ouvi a minha amiga Natalie Grant cantar a canção *Held* [Amparada]. Ao apresentá-la naquela noite a uma arena cheia de gente, ela nos contou que a música se baseava em uma história verdadeira sobre a dor insuportável que uma jovem mãe tinha atravessado. Um profundo silêncio caiu sobre a multidão enquanto 10 mil mulheres escutavam essa canção. Ela cantou: "E saber que a promessa era que, quando tudo ruísse, seríamos abraçados".[22]

---

[22] GRANT, N. *Held*, de Christa Wells. Gravado em 22 de março de 2005. Faixa 9 em "Awaken", Curb Records.

Eu não fazia ideia de que, enquanto ouvia a música com lágrimas escorrendo pelo meu rosto naquela noite, eu teria o privilégio de entrevistar aquela mãe. Não fui a única que chorou. Embora os detalhes da história fossem exclusivos de Vaneetha, a dor não era. Todas as mulheres na arena tinham enfrentado algum tipo de perda, e ser abraçada e amparada em meio à dor era um desejo comum.

Vaneetha enfrentou muitas perdas. A eventual perda do seu casamento e também da sua saúde mais uma vez, quando recebeu o diagnóstico de síndrome pós-polio: é um ressurgimento cruel da doença que rouba da pessoa afetada qualquer progresso que ela tenha feito — como se o relógio começasse subitamente a andar para trás. O corpo de Vaneetha continuou a ruir.

Antes da entrevista, eu tinha recebido um exemplar antecipado do livro dela. Sublinhei várias declarações que queria que ela explicasse para o nosso público.

> No início, quando o pior aconteceu comigo, hesitei em buscar conforto do Deus que me tinha ferido. Mas escondi essas dúvidas e hesitações dos outros. Temia que a minha desilusão com a vida e mesmo com Deus pudesse prejudicar a fé das pessoas. Mas isso simplesmente não era verdade. Eu deveria viver com transparência, mostrando que não podemos fugir da dor, mas que devemos passar por ela honestamente.[23]

Ela escreveu sobre como se sentiu quando Deus a salvou no meio do seu sofrimento.

> É a paz de um oceano com uma corrente submarina de alegria poderosa e implacável. É uma excitação sem fôlego e uma confiança perfeita. É a coragem enraizada nos ossos construída sobre a promessa de que Deus nunca me deixará nem me abandonará.[24]

---

23 RISNER, V. R. Entrevista com a autora, 4 de fevereiro de 2021.
24 RISNER, V. R. *Walking Through Fire*. Nashville: Thomas Nelson, 2020. p. 252.

Essas palavras ecoaram no meu íntimo, mas eu queria ouvir mais do lugar da dor dela e do seu resgate. Não consigo imaginar perder uma criança, mas ela tinha vivenciado isso, e lá, da escuridão daquele lugar, ela estende a mão para você e para mim para nos dizer que Jesus estava junto, que ela estava segura — não apenas segura, mas experimentando alegria e perfeita confiança. Não restaram dúvidas na minha mente, depois de termos passado aquela tarde juntas, que, quando tudo na vida dela desmoronou, ela foi amparada. O corpo dela parecia frágil, mas a esperança ardente nos seus olhos era inconfundível. Não foi a experiência do sofrimento que a transformou, mas foi a presença de Cristo no sofrimento dela que se tornou seu resgate.

VOCÊ PODE CONFIAR EM DEUS

Eu já tinha escrito metade deste capítulo quando senti como se uma nova onda de fé e entendimento me atingisse. Estava sentada na minha sala, com o café na mão, assistindo ao noticiário. Nada do que diziam era bom, por isso desliguei a televisão, desci as escadas e saí, com nossos cães atrás de mim. Sentei-me no nosso quintal com o meu café e a minha Bíblia. Uma citação de William Penn que eu tinha lido recentemente me veio à mente no silêncio:

> Na pressa e no barulho da vida, quando tiver algum intervalo, entre na casa dentro de você mesmo e fique quieto. Espere por Deus e sinta a sua boa presença; isso lhe ajudará a atravessar as atividades do dia com constância e suavidade.[25]

"Entre na casa dentro de você mesmo." Essa frase tinha ficado comigo. Nunca tinha ouvido a comunhão com Deus expressa dessa forma. Eu também sabia que estava precisando da "boa presença" de Deus. Peguei minha Bíblia e a abri em uma das páginas em branco no início. Queria anotar a citação antes de esquecê-la. Não sei se isso é coisa que se faça,

---

[25] "Being Still". *Bible Reasons*, 8 de janeiro de 2021. Disponível em: https://bible-reasons.com/being-still/. Acesso em: 20 jun. 2022.

mas eu adoro escrever na minha Bíblia. Anos depois, eu me deparo com coisas que escrevi anos antes, muitas delas datadas, e vejo como Deus respondeu a orações ou me deu maior entendimento sobre algo com que anteriormente tinha lutado. A maioria das páginas extras estava cheia, mas ainda me restava uma página. No topo estava algo que eu tinha escrito dez anos antes, uma citação de um dos meus teólogos escoceses favoritos, Robert Murray Mc-Cheyne. Eu a li várias vezes naquela manhã: "Quando Cristo *se atrasa* para ajudar os seus santos agora, você acha que é um grande mistério, não consegue explicar; mas Jesus vê o fim desde o início. Fique quieto e saiba que Cristo é Deus".[26]

Eu sabia que o Espírito Santo estava falando comigo naquela manhã. Também sabia que precisava da ajuda dele para entender plenamente o que ele estava dizendo.

Por isso, sentei-me com calma no ar fresco da manhã e refleti sobre a beleza e a severa misericórdia do resgate. Nunca teria aderido voluntariamente ao plano de Deus; no entanto, na medida em que Ele continuou a colocar no lugar as peças que faltavam no quebra-cabeças da minha vida, fui transformada.

De repente, Tink, nosso *bichon frisé* de 14 anos, deu um salto inesperado da grama para o meu colo, uma proeza e tanto nessa idade. Ele jogou a minha Bíblia no chão e uma carta caiu. Eu a peguei e li. Já está bastante gasta, pois já a li diversas vezes ao longo dos anos. Foi escrita em 5 de março de 1995, três meses depois de eu e Barry termos nos casado. Eu tinha feito uma palestra algumas semanas antes em uma conferência e recebi uma carta de uma das mulheres que tinha participado. Ela me disse que, no seu voo de volta para casa, Deus lhe disse doze coisas sobre a minha vida. Não me movimento em círculos nos quais frequentemente recebo uma palavra profética de Deus, mas, ao ler a carta dela, fiquei de joelhos. A sensação da presença de Deus me fez sentir como se estivesse ajoelhada em solo sagrado.

Li cada uma das doze frases naquela manhã enquanto Tink retomou seu esporte favorito de perseguir esquilos. Fui atraída de novo para o número sete: "Proporcionarei o conforto e a paz pelos quais você tem esperado durante muitos anos. Concentre-se em Provérbios 3, medite

---

26 Ibid.

constantemente sobre as minhas palavras, pois da riqueza da minha Palavra em você correrão águas de vida para a vida das pessoas". Abri a Bíblia em Provérbios 3 e li estes versículos, que sempre adorei:

> Confie no Senhor de todo o seu coração e não se apoie em seu próprio entendimento; reconheça o Senhor em todos os seus caminhos, e ele endireitará as suas veredas (v. 5-6).

Alguma vez você já leu versículos como esses, promessas como essas, e os sublinhou, mas não sabia como aplicá-los? Ou talvez tenha tentado aplicá-los e nada parece ter funcionado? Você diz: "Quero saber qual é a vontade de Deus, mas como a encontro?". Essa é uma das perguntas que mais me fazem. Voltemos então ao início deste capítulo em Provérbios e vejamos o que precede a promessa:

> Meu filho, não se esqueça da minha lei, mas guarde no coração os meus mandamentos, pois eles prolongarão a sua vida por muitos anos e lhe darão prosperidade e paz (v. 1-2).

Em termos simples, a vontade de Deus está na Palavra de Deus. Sei que isso parece muito simples e dificilmente é uma notícia inovadora, mas é a verdade. Quando tudo à nossa volta está mudando, a Palavra de Deus permanece inabalável. Imagino que, provavelmente, você concorde comigo nisso. A Palavra de Deus é 100% confiável.

Então o que era essa nova onda de entendimento que me afetou tão fortemente? Tinha a ver com esta palavra: *confiança*. Quer estejamos em um lugar pacífico ou em um lugar difícil, o que precisa acontecer em nós para que estejamos totalmente convencidas de que estamos sendo amparadas e abraçadas pelo Deus que salva? Devemos confiar. Mas eu quero ir mais a fundo. O que significa confiar em Deus quando estamos ansiosas por ser salvas? Como isso se apresenta?

Se procurarmos a palavra "confiança" na maioria dos dicionários bíblicos, seremos direcionados para a palavra "fé", como se fossem a mesma coisa. No *HarperCollins Bible Dictionary*, lemos: "Fé está relacionada à confiança em Deus para prover uma ajuda extraordinária em circunstâncias desesperadoras".[27] É uma confiança diária não apenas em circunstâncias desesperadoras, mas em qualquer situação, porque estamos convencidas de que podemos confiar em Deus. Confiar em Deus não é ignorar os nossos sentimentos ou a nossa realidade. Não se trata de fingir que está tudo bem quando não está. Não se trata de confiar em Deus para obter determinado resultado, mas sim ter a certeza da presença de Cristo, independentemente do resultado. Trata-se de descansar nos cuidados daquele que nos ama e é por nós, acreditando que, não importa o que aconteça, Deus está conosco e comprometido com o nosso bem, empenhado no nosso resgate.

Se você e eu, com a ajuda do Espírito Santo, pudéssemos nos agarrar a essa única verdade, a de que podemos confiar em Deus a cada momento, isso mudaria as nossas vidas. Se essa verdade imutável ancorar as nossas vidas, então não importa como as coisas pareçam ser. Mesmo que sintamos que fomos deixadas a lutar sozinhas como aquele passarinho debaixo da caminhonete, saberíamos que estamos sendo amparadas pelo Deus em quem podemos confiar para salvar o seu povo.

Pense em Noé, que foi instruído a construir um barco com o comprimento de quatro campos de futebol no meio do deserto e ninguém fazia ideia do que era um barco (Gênesis 6–8).

Ou em Abraão e Sara, que foram informados de que teriam um filho quando Abraão tivesse cem anos e Sara tivesse noventa (Gênesis 21).

Ou como deve ter sido para José, aos 17 anos: Deus tinha-lhe dito, em um sonho, que sua família se curvaria diante dele. Não era o que parecia quando ele estava no fundo de um poço abandonado (Gênesis 37).

Ou pense em Daniel, jogado em uma cova com leões, com a entrada selada, e largado ali para ser dilacerado (Daniel 6).

Ou em Jonas, revoltado e em fuga de Deus, atirado ao mar e engolido por um grande peixe (Jonas 1).

Ou em Rute, viúva, seguindo a sua sogra amargurada para uma terra onde não conhecia nem a língua nem o povo (Rute 1).

---

27 *HarperCollins Bible Dictionary*, s. v. "Faith". Ed. rev. Nova York: HarperCollins, 2011. p. 280.

Ou em Paulo e Silas, jogados na prisão depois de terem sido espancados com varas de madeira (Atos 16). E pense em Jesus, o maior de todos, traído, açoitado e executado, mas ressuscitado para se tornar o Resgatador (João 19-20).

A história de amor de Deus tem tudo a ver com resgate. As coisas não respeitam nossa agenda ou a história que nós mesmas teríamos escrito, mas podemos confiar em quem Deus é. Se existe um momento em que precisamos nos agarrar a essa verdade, esse momento é agora.

Quando me sentei no meu jardim naquela manhã, senti como se Deus tivesse puxado a cortina por um momento e me mostrado algo que realmente importa para aqueles de nós que amam a Jesus. As coisas vão ficar mais loucas no nosso mundo, mas podemos confiar nEle. À sua maneira e no seu tempo, Ele é o Deus que salva os seus filhos.

> Retorne ao seu descanso, ó minha alma,
> porque o Senhor tem sido bom para você!
> Pois tu me livraste da morte,
> os meus olhos, das lágrimas
> e os meus pés, de tropeçar (Salmos 116:7-8).

Enquanto terminava de escrever este capítulo, começou a nevar. Em Dallas não havia nevado direito desde 2010, por isso saí da casa para sentir os flocos de neve no meu rosto. Há um silêncio especial quando se trata de neve.

Enquanto observava como a neve cobria o nosso pequeno quintal com uma manta branca, orei por você.

> Por essa razão, ajoelho-me diante do Pai, do qual recebe o nome toda a família nos céus e na terra. Oro para que, com as suas gloriosas riquezas, ele os fortaleça no íntimo do seu ser com poder, por meio do seu Espírito, para que Cristo habite em seus corações mediante a fé; e oro para que vocês, arraigados e alicerçados em amor, possam, juntamente com todos os santos, compreender a largura, o comprimento, a altura e a profundidade, e conhecer

o amor de Cristo que excede todo conhecimento, para que vocês sejam cheios de toda a plenitude de Deus (Efésios 3:14–19).

Quero dizer-lhe, minha cara amiga, que a Palavra de Deus nunca falhará.
Lembre-se de que Jesus vê o fim desde o princípio.
A sua vida não está fora de controle.
Deus ainda está escrevendo a sua história.
Deus tem uma boa e forte influência sobre você.
Você pode confiar nEle.

Se Ele é o Deus que resgata o menor dos pássaros, Ele resgatará você.

Agarrando-se à Esperança

1. Quando tudo à sua volta está mudando, a Palavra de Deus permanece a mesma.

2. Deus está focado em seu resgate; isso é uma promessa.

3. Podemos confiar em Deus 100% do tempo e sua vida não está fora de controle.

*Deus Pai,
Quando tudo à minha volta está desabando,
eu olho para ti como o Deus que resgata.
Amém.*

Amparadas pelo Deus dos milagres

*Graças ao grande amor do Senhor
é que não somos consumidos,
pois as suas misericórdias são inesgotáveis.
Renovam-se cada manhã;
grande é a tua fidelidade!*
LAMENTAÇÕES 3:22-23

*Milagres, na verdade, recontam em letras miúdas a mesma
história que está inscrita no mundo inteiro em letras tão
grandes que alguns de nós não conseguem enxergar.*
C. S. LEWIS

Para uma família de três, tínhamos um número ridículo de animais de estimação. Quando conheci o Barry, eu tinha uma gata chamada Abigail. Ela era linda e doce comigo, mas não gostava dele, de modo que se escondia atrás de móveis, esperava-o passar e então atacava a perna dele como um guerreiro ninja. Depois de nos casarmos e Abigail, a Terrível, ter ido viver com uma "tia", adotamos um *golden retriever* chamado Bentley. Nós o adorávamos, mas ele tinha um estômago muito nervoso. Lembro-me de dirigir até Laguna Beach (onde vivíamos na época) com a capota abaixada e uma motocicleta passou rugindo ao nosso lado. Deixem-me simplesmente dizer o seguinte: não foi algo bom para o sistema digestivo do Bentley, nem para o meu carro. Depois tivemos um filho e, com ele, vieram animais de estimação esquisitos e maravilhosos. Ele tinha um lagarto que precisava ser alimentado com grilos vivos enquanto estava deitado na sua rede. Ele tinha uma cobra chamada Ramen, o Macarrão Perigo, que precisava ser alimentada com ratos congelados. (Diga-se de passagem: quando Christian foi para a faculdade, um dia abri o congelador e tirei o que acreditava ser um picolé, apenas para descobrir que tinha um rosto e uma cauda. Nota para mim mesma: limpar o congelador com mais frequência.) Ele teve o seu peixe Red, além de dois aquários, um de água doce e um de água salgada. Teve um pequeno pássaro vermelho chamado Amelia Earhart, que acabou sendo um nome tristemente apropriado, pois ela voou pela janela uma manhã e nunca mais a vimos. Teve um *jenday conure* (um pequeno papagaio) chamado Grace, que saltava do seu poleiro, corria pelo chão desde a sala até o meu escritório e saltava no meu ombro. Teve tartarugas e sapos e um *hamster* chamado Hamtaro. Depois entramos no mundo dos seres humanos normais e lhe arranjamos um cão.

Uma noite, Christian pediu uma reunião de família.

Fiquei intrigada. Ele pediu que não respondêssemos até ele terminar de falar. Nós concordamos. Seu discurso foi curto e simples: "Preciso de um cão".

Eu lhe disse que já tinha ouvido muita gente dizer que queria um cão, mas nunca que precisavam de um, a não ser pessoas com alguma deficiência. Ele esclareceu imediatamente o seu ponto de vista.

"Sou filho único. Preciso de alguém com quem possa conversar."

"Mas você pode falar conosco!", Barry disse.

Ao que Christian respondeu: "O que quero dizer é: preciso de alguém com quem possa conversar *sobre* vocês".

Excelente ponto de vista. Arranjamos um cão no fim de semana seguinte.

O único verdadeiro desafio de ter um cão era o que fazer com ele quando viajávamos. Felizmente, temos duas amigas queridas, Ney e Mary, que adoram cães, por isso concordaram em cuidar de Belle, o nosso cão, e de Hamtaro, o *hamster-maravilha*, quando estávamos na estrada.

Não consigo pensar em duas mulheres que amo e admiro mais do que Ney e Mary. Elas são amigas leais, fiéis e hilárias. Se Ney diz que vai fazer algo, ela o fará exatamente como disse que faria. Todos os fins de semana, quando íamos buscar a Belle, achávamos que ela tinha frequentado alguma escola de etiqueta na Suíça, porque seus modos eram muito refinados. Até Hamtaro parecia menos inclinado a estragar a sua gaiola. Mas, em um fim de semana, tudo correu terrivelmente mal, histericamente mal.

Conto a história do jeito que Ney e Mary a contaram para mim. Quando se levantaram no sábado de manhã, a gaiola de Hamtaro estava aberta e ele tinha desaparecido. Pânico instantâneo! Elas puseram seu cão, Bailey, e nosso cão, Belle, em uma sala, para que pudessem revistar a casa. Dividiram a casa em seções, como uma equipe forense bem treinada. Quando se encontraram na sala ao meio-dia, não havia boas notícias. Onde estava Hamtaro? Elas sabiam o quanto Christian amava seu *hamster*, por isso pediram reforços. Três das minhas mais queridas amigas viviam a poucos quilômetros de distância dali e responderam ao apelo. O grupo se reuniu na cozinha. Todas as opções foram discutidas.

Poderiam comprar outro *hamster* que se parecesse com Hamtaro? Poderiam dizer que Hamtaro tinha se juntado a Red em Nova York? Deveriam comprar outro cão para Christian na esperança de que ele não percebesse que um *hamster* estava faltando?

Finalmente, após oito horas esgotantes, Mary gritou: "Eu consigo vê-lo!". Todas correram para a lavanderia. "Ele está atrás da máquina de secar. Não está se mexendo. Ele pode estar morto", disse ela, em um tom calado. Fizeram uma pausa para orar... Não estou brincando. Então Mary fez uma pergunta que ilustra como elas são um grupo maluco de amigas, mas também o tamanho do coração delas.

"Está bem", disse ela. "A coisa está feia. Vamos ter que orar por um milagre. Ney, vá buscar o azeite! Mas se ele estiver mesmo morto... Alguém sabe se o PetSmart faz autópsia?"

Autópsia! Em um *hamster*! Eu ri até chorar.

Tenho o prazer de lhes dizer que Hamtaro estava vivo, apesar de ter uma das meias de Ney pendurada nas suas bochechas. Quando Mary terminou de me contar a história, ela disse: "Foi um milagre de boa-fé, estou lhe dizendo! Aquele *hamster* já esteve morto, mas agora está vivo!".

CRER OU NÃO CRER

No que diz respeito a milagres de boa-fé, não tenho muita experiência com eles. Fui criada em uma pequena igreja batista na Escócia e os milagres eram experiências que tinham acontecido havia muito tempo. Eram coisas que lemos na Bíblia e que aconteceram quando Jesus esteve na Terra. Ocasionalmente, ouvia falar de coisas milagrosas que ainda aconteciam, mas pareciam sempre ocorrer na África ou na Índia, nunca onde eu vivia. Quando era jovem, isso me deixava muito triste. Sempre que passava por alguém em uma cadeira de rodas ou com problemas físicos, ansiava orar por eles e vê-los milagrosamente restaurados. Eu simplesmente não tinha fé suficiente para isso. Julgava-me e sentia-me como se estivesse decepcionando a Deus e àqueles que precisavam de cura. Um versículo em particular me condenava:

> Digo-lhes a verdade: Aquele que crê em mim fará também as obras que tenho realizado. Fará coisas ainda maiores do que estas, porque eu estou indo para o Pai (João 14:12).

Coisas ainda maiores do que estas? Jesus curou os doentes, devolveu a visão aos cegos, ressuscitou os mortos. Como eu seria capaz de fazer não só essas coisas, mas também outras ainda maiores? Parecia impossível; no entanto, Jesus o disse, por isso eu não podia simplesmente ignorar. Lutei com esse versículo por muito tempo. Era como se houvesse uma peça faltando no quebra-cabeças da minha fé e eu não conseguia encontrá-la. Voltaremos a falar disso dentro de instantes, porque agora entendo esse versículo de uma forma que nunca tinha entendido até então.

Não sei quais são seus próprios pensamentos sobre o tema dos milagres. Não sei se você faz parte de uma tradição eclesiástica que os aceita e espera ou de uma tradição que os bane ao passado. Você pode nem sequer fazer parte de uma família eclesiástica. Talvez, para você, os milagres pertençam à mesma categoria dos contos de fadas e do coelhinho da Páscoa. Você pode também ser alguém que foi prejudicada pela promessa de um milagre que não aconteceu e que a tenha deixado ferida e cínica.

Revelação total. Eu acredito em milagres. Acredito que ainda nem sequer começamos a arranhar a superfície de quem Deus é. Acredito que Deus quer tocar as nossas vidas e curar a nossa fragilidade. Acredito no poder do Cristo ressuscitado, que vive e opera de formas que nem sequer conseguimos imaginar.

Acredito também que muitos danos foram causados em nome de Jesus. Antes de colocar qualquer palavra nas páginas deste livro, pedi ao Espírito Santo que me ajudasse a trazer clareza e verdade às mulheres que amam Jesus ou que procuram conhecê-lo, mas que lutam arduamente com experiências do passado. Quero que você seja liberta de tudo que qualquer homem, mulher ou falsa doutrina lhe tenha imposto e que tenha ofuscado a sua visão de quem Jesus é. Quando pensei naquelas que poderiam estar lutando para perseverar, naquelas que se sentem tentadas a abandonar a fé, perguntei-me quanto disso poderia ter sido produzido por danos causados às suas almas. Sejamos realistas, há coisas estranhas por aí. Deixe-me levá-la comigo para alguns dos lugares que me confundiram e, depois, para aquilo que agora sei e no que acredito de todo o coração.

ELE FEZ O QUÊ?

Quando eu estudava no seminário na Inglaterra, fui convidada a ser a vocalista em uma cruzada de cura que duraria três noites. Eu nunca tinha participado de nada assim. Não conhecia o evangelista, mas o encontrei no escritório do pastor antes do culto, e ele foi muito amável e acolhedor. Fiquei entusiasmada com a possibilidade de ver o que Deus poderia fazer naquela noite. Eu não era nada cética. Acreditava, na época, como acredito agora, que tudo é possível com Deus e ansiava por ver o poder dele na vida daqueles que precisavam de cura. A cruzada estava sendo realizada em uma pequena igreja em St. Albans, ao norte de Londres. Fiquei observando como as pessoas entravam no prédio naquela primeira noite, trazendo uma mistura de esperança e dúvida. Penso que isso sempre acontece quando uma multidão se reúne para ver o que Deus pode fazer. Ansiamos por ouvir a sua voz, por saber que Ele nos vê, mas alguns de nós recuamos, talvez porque já fomos decepcionados antes. O próprio ato de estarmos presentes na igreja fala do desejo que temos de saber que somos vistas, amparadas e amadas por Deus. Será que o pregador ou o professor nos ajudará a ver Jesus?

Depois da minha participação no programa dessa noite, o evangelista se levantou para falar. Ele fez um pequeno sermão e depois se aproximou da beira do palco para começar a orar pelas pessoas. Aproximou-se cada vez mais da beirada. Não sei se a iluminação era ruim, mas, de repente, para o horror de todos na sala, ele caiu do palco e teve que ser levado em uma maca para o hospital local. Eu queria estar inventando isso, mas não estou. Toda a cruzada teve que ser cancelada, pois ele tinha quebrado a perna e fraturado duas costelas. Vi a multidão sair da igreja naquela noite tão confusa quanto eu. Ninguém sabia bem o que dizer. Quem ora para que o curandeiro seja curado?

    O meu próximo encontro com um convite para presenciar um milagre aconteceu depois de ter escrito o meu primeiro livro nos EUA. A minha editora havia me convidado a participar da conferência da chamada Associação Cristã de Livrarias, na qual diferentes editoras apresentavam seus novos livros e autores para a próxima temporada. Eu tinha recebido um tempinho para assinar livros, mas apareci mais cedo para ter uma ideia do que estava acontecendo. Enquanto vagueava pelos corredores, olhando para as várias exposições, um homem saiu do seu *stand*, onde recebia encomendas de quadros, e perguntou se podia orar por mim. Eu nunca recusei uma oração, por isso disse que aceitava a oferta com prazer.

    Antes de orar, ele explicou que tinha o que descreveu como um dom de oração milagrosa. Quando orava, pó de ouro descia do céu e caía sobre aquele por quem orava. Uau! Nunca tinha ouvido falar de nada parecido. Depois da sua oração, ele pediu que eu arregaçasse as mangas da minha blusa. Isso me pareceu um pouco estranho, mas eu fiz. Ele ficou muito entusiasmado ao apontar pequenas centelhas nos braços. Agradeci e não tive coragem de lhe dizer que as "centelhas" eram da minha loção corporal. Deveria ter-lhe dito a verdade em vez de deixá-lo acreditar que era um milagre? Senti-me mal pelo resto do dia. Mas, de todos os meus encontros com aqueles que me prometeram milagres, nada me entristeceu tanto como o seguinte.

EU O ADORAREI DAQUI

Eu tinha sido convidada para cantar em uma convenção de jovens no Havaí. O palestrante era um evangelista da África. Quando subiu ao palco na segunda noite da conferência, ele fez uma declaração espantosa. Disse à multidão que Deus lhe tinha revelado que cada pessoa doente com qualquer tipo de enfermidade presente naquela noite seria curada.

Consegui sentir o nível de fé subir na sala. Eu estava sondando a multidão em busca de uma pessoa. Eu a tinha conhecido na noite anterior. Vou chamar essa pessoa de John. John estava preso a uma cadeira de rodas havia 15 anos após um acidente de carro devastador. Eu estava entusiasmada com a ideia de John poder levantar-se da sua cadeira de rodas e andar!

Após a pregação do evangelista, ele começou a orar pelas pessoas. A tenda estava cheia e barulhenta, e muita gente tinha ido até a frente do palco. Eu não conseguia ver onde John estava. No final do tempo de oração, o evangelista foi imediatamente escoltado para fora da plataforma, para fora da tenda e para dentro de um carro que o esperava. A tenda foi finalmente esvaziada. As únicas duas pessoas que ficaram foram John e eu. Fui até a sua cadeira de rodas com lágrimas nos olhos. "Não fique triste, Sheila", disse ele. "Eu sei que Deus poderia ter me curado e, até fazê-lo, eu o adorarei daqui."

Eu o adorarei daqui.

O maior milagre que vi naquela noite foi a fé de John. A sua fé não estava naquilo que ele viu ou experimentou; estava apenas em Cristo. Ele sabia sem dúvida que Deus podia curá-lo, mas não o amava menos porque Deus não o curara. Nem estava zangado com o evangelista por prometer algo que não acontecia, embora tenha de admitir que eu estava. Penso que, se você diz às pessoas de forma tão inequívoca que Deus vai fazer algo, e isso não acontece, deveria pelo menos ter a decência de olhar nos olhos das pessoas e dizer: "Lamento". John não precisava nem queria isso. A sua esperança estava em Cristo, não em um milagre físico. Ele não estava se apegando ao milagre; ele estava se apegando a quem opera os milagres.

Conversamos até tarde naquela noite e o que vi nele foi que, apesar de 15 anos de sofrimento e sonhos destruídos, ele conhecia a profunda companhia do seu Salvador ferido, que eu ainda precisava descobrir. Eu estava de pé, mas ele estava sendo amparado pelo Deus dos milagres.

MILAGRES MUDAM NOSSAS CIRCUNSTÂNCIAS; OBEDIÊNCIA MUDA NOSSOS CORAÇÕES

Se o título deste capítulo fez você imaginar que eu contaria história após história de curas físicas, peço perdão. Não é isso que vou fazer aqui. Há alguns livros maravilhosos que contam essas histórias. Um dos meus favoritos foi escrito pelo meu querido amigo Lee Strobel: *The Case for Miracles* [Em defesa de milagres] é uma das obras mais inspiradoras que já li. Lee foi um editor premiado do *Chicago Tribune*, razão pela qual sua pesquisa e narração de histórias são de primeira classe.

A conclusão para mim aqui é que eu não acredito que os milagres mudem as nossas vidas. Eles são uma invasão bem-vinda do céu e, se você precisar de um milagre neste instante, faço aqui uma pausa, junto o meu coração e as minhas orações aos seus e peço que isso seja feito em nome de Jesus.

O difícil de escrever um livro é que ele é unilateral. Não consigo ouvir a sua voz, querida leitora. Não consigo ouvir o seu "Amém", nem o seu "O que você quis dizer com isso?", nem o seu "Não concordo com você". Talvez, quando este livro for publicado, possamos nos tornar amigas na minha página do Facebook, *Sheila Walsh connects*, e então conversar. Por ora, farei o meu melhor para desdobrar aquilo em que acredito.

Quando digo que milagres não mudam as nossas vidas, é a isso que me refiro. Quantas vezes você já ouviu ou leu alguém dizendo: "Deus, se fizeres isso, eu te seguirei pelo resto da minha vida"? Ou "Nunca mais toco em uma bebida alcóolica se me tirares disto"? Muitas vezes, quando Deus age de forma milagrosa, as promessas são esquecidas.

Pense naqueles que testemunharam os milagres de Cristo quando ele esteve na Terra. Muitas pessoas os viram com seus próprios olhos, e depois foram embora. O acontecimento mais notável que ilustra esse ponto está registado no evangelho de João. É a história de Lázaro. Você pode ler a primeira parte da história em João 11:1–32, mas quero nos levar para o dia em que Jesus chegou a Betânia, onde Lázaro tinha estado no seu túmulo havia quatro dias. Lázaro e suas irmãs eram alguns dos amigos mais próximos de Jesus, por isso, quando Jesus viu o profundo pesar das irmãs, Ele ficou muito comovido.

Ao ver chorando Maria e os judeus que a acompanhavam, Jesus agitou-se no espírito e perturbou-se. "Onde o colocaram?", perguntou ele. "Vem e vê, Senhor", responderam eles. Jesus chorou. Então os judeus disseram: "Vejam como ele o amava!" Mas alguns deles disseram: "Ele, que abriu os olhos do cego, não poderia ter impedido que este homem morresse?" Jesus, outra vez profundamente comovido, foi até o sepulcro. Era uma gruta com uma pedra colocada à entrada. "Tirem a pedra", disse ele. Disse Marta, irmã do morto: "Senhor, ele já cheira mal, pois já faz quatro dias" (João 11:33–39).

Entendemos as lágrimas de Cristo por aqueles que Ele amava, mas por que Ele se zangou? A palavra utilizada no grego original é a mesma que seria utilizada para o bufo gutural de um garanhão prestes a debandar. Jesus estava zangado pelo fato de a morte ter invadido a vida. Esse nunca tinha sido o plano original de Deus para nós. Jesus sabia que em poucos dias enfrentaria a cruz e que, ao ressuscitar, derrotaria a morte para sempre, mas o seu amigo tinha morrido e a sua fúria ao enfrentar o túmulo foi feroz. Pergunto-me, também, enquanto Ele olhava para a pedra, se pensava no que vivenciaria em breve.

Esse único milagre se destaca. Jesus já tinha trazido duas pessoas de volta à vida, mas ambas tinham estado mortas apenas por um dia. Explicarei por que isso é tão significativo em alguns instantes. Um era o único filho de uma viúva (Lucas 7). O outro era a filha de Jairo, líder da sinagoga (Lucas 8). Obviamente, esses foram milagres significativos, mas tinham precedentes. Se você fosse um judeu em Israel na época de Cristo, sua compreensão da morte teria sido muito diferente da nossa atual. Visto que o povo judeu não acreditava em embalsamar corpos, as pessoas eram enterradas no dia em que morriam. Duas coisas contribuíram para o significado do fato de Lázaro estar morto havia quatro dias.

Em primeiro lugar, às vezes as pessoas que tinham sido colocadas em seus túmulos reanimavam-se posteriormente, algumas horas ou um dia mais tarde. Tinham estado em coma ou em qualquer outra condição médica que fazia parecer que tivessem morrido. Para prevenir o risco de enterrar alguém vivo, uma pessoa ficava de guarda do lado de fora do túmulo durante três dias à escuta de qualquer som.

Em segundo lugar, as tradições judaicas de luto ensinavam que, quando uma pessoa morre, a alma ou *neshama* paira sobre o corpo durante três dias, decidindo se deve ou não regressar. Ao quarto dia, a alma parte definitivamente. Para todos que se reuniam fora do túmulo nesse dia, uma coisa era clara: Jesus não veio quando recebeu a mensagem de que Lázaro estava doente e agora era tarde demais.

Quando lemos a história de Lázaro, parece estranho no início que, quando Jesus ouve que seu amigo está doente, Ele fica onde está durante dois dias antes de fazer a caminhada de um dia de volta a Betânia. Por que Ele não partiu antes se poderia ter impedido a morte de Lázaro? Imagino que fosse esse o objetivo. Ninguém poderia trazer de volta à vida alguém que estivesse morto havia quatro dias. Nunca ninguém tinha testemunhado isso. Seria um milagre maior do que um milagre.

Imagine-se lá naquele dia, de pé, junto ao túmulo com Maria e Marta e as outras carpideiras. Não podemos acreditar no que acontece depois de eles afastarem a pedra.

> Depois de dizer isso, Jesus bradou em alta voz: "Lázaro, venha para fora!" O morto saiu, com as mãos e os pés envolvidos em faixas de linho, e o rosto envolto num pano. Disse-lhes Jesus: "Tirem as faixas dele e deixem-no ir". Muitos dos judeus que tinham vindo visitar Maria, vendo o que Jesus fizera, creram nele. Mas alguns deles foram contar aos fariseus o que Jesus tinha feito (João 11:43-46).

Você vê a reação mista da multidão? Muitos acreditaram, mas alguns denunciaram Jesus àqueles que o queriam matar. Isso é espantoso para mim. Eles tinham acabado de ver com os seus próprios olhos que Cristo era o Messias prometido — pois quem mais, senão Deus, poderia realizar tal milagre? —, mas isso não bastou para mudar o coração deles. Um milagre pode mudar as nossas circunstâncias, mas a adoração a partir de uma cadeira de rodas, de um leito no hospital, do lugar dos sonhos partidos muda os nossos corações.

COMO PODEMOS FAZER COISAS MAIORES DO QUE JESUS?

Voltemos ao versículo do evangelho de João que me pareceu uma peça tão ausente durante tanto tempo: "Digo-lhes a verdade: Aquele que crê em mim fará também as obras que tenho realizado. Fará coisas ainda maiores do que estas, porque eu estou indo para o Pai" (João 14:12).

    Se olharmos mais de perto, podemos ver que a declaração de Cristo aos seus amigos mais próximos naquela noite já traz sua própria explicação. Jesus disse que coisas maiores seriam possíveis *porque* Ele estava deixando a terra. Durante seus três anos de ministério público, Jesus só podia estar em um lugar de cada vez. Uma vez que tivesse ascendido ao céu, o Espírito Santo seria enviado no dia de Pentecostes e obras maiores seriam possíveis por causa da presença do Espírito. A minha Bíblia de estudo ESV diz que "obras maiores" também pode ser traduzido como "coisas maiores". A *Amplified Bible* [Bíblia Ampliada] desdobra o texto desta forma: "Garanto-lhes *e* muito solenemente lhes digo, qualquer pessoa que acredite em Mim [como Salvador] também fará as coisas que eu faço; e fará coisas ainda maiores do que estas [em extensão e alcance], porque eu vou para o Pai".

    Pense: durante a vida dEle, Jesus nunca pregou fora da Palestina. Europa, África e Ásia nunca tinham ouvido falar de Cristo. Mas, só no dia de Pentecostes, mais pessoas vieram a ter fé em Cristo do que durante seus três anos de ministério terrestre. "Os que aceitaram a mensagem foram batizados, e naquele dia houve um acréscimo de cerca de três mil pessoas" (Atos 2:41). Agora o evangelho de Cristo está sendo pregado no mundo inteiro. A Palavra de Deus está reluzindo pelos continentes. Os tradutores da Bíblia de Wycliffe nos dão as seguintes estatísticas:

> A Bíblia completa está agora disponível em 704 línguas diferentes, dando a 5,7 bilhões de pessoas acesso à Escritura na língua que melhor compreendem. O Novo Testamento está disponível em outras 1.551 línguas, atingindo mais 815 milhões de pessoas. Seleções e histórias estão disponíveis em mais 1.160 línguas, faladas por 458 milhões de pessoas.[28]

---

28 "Our Impact". *Wycliffe Bible Translators*. Disponível em: https://www.wycliffe.org.uk/about/our-impact/. Acesso em: 3 fev. 2021.

Que milagre! Eu e você, cheias do poder e do amor de Cristo, também podemos ser as mãos e os pés dEle em um mundo que sofre. Pense no que o corpo de Cristo está fazendo hoje. Quando amamos o nosso próximo, alimentamos os pobres, cuidamos das viúvas, resgatamos aqueles que foram traficados, escavamos poços de água em áreas onde não há água limpa, damos abrigo aos sem-teto em nome de Jesus, os milagres *acontecem* todos os dias.

Mas e você? Ao pensar na sua vida como ela é neste momento, com tudo que está funcionando bem e tudo que está desmoronando, você se vê como um milagre? Eu me vejo. Mas isso pode significar olhar para os milagres de uma forma diferente.

CURADA E AMPARADA

Se formos novas uma para a outra e só nos conhecermos através deste livro, quero que saiba algo sobre mim. Sou a pessoa menos provável para escrever um livro, estar em um palco e falar, ou me sentir à vontade na frente de uma câmera de televisão. Fui sonâmbula e tive pesadelos aterradores até os meus 18 anos. Eu era desesperadamente insegura e tentei ficar em segundo plano sempre que possível. Sempre presumi que as pessoas se sentiam mais confortáveis quando eu não estava por perto. Lembro-me de quando alguém no seminário me perguntou por que eu entrava na sala comum dos estudantes da maneira como entrava. Perguntei o que ele queria dizer. Ele disse: "Você sempre entra cabisbaixa, como se não quisesse ser notada". Bingo! Quando percebi que estava chamando atenção para mim mesma por parecer estranha, aprendi a fingir. Aprendi a fingir como se estivesse bem, mas não estava bem. Escrevi isto no meu diário uma noite:

> Estou bem; o sol está brilhando.
> Deus está no Céu.
> Tudo está bem com o mundo.
> Estou morrendo; está escuro.
> Deus, onde estás?
> Tu te esqueceste tão rápido de mim?

Pergunto-me se você já passou por isso. Talvez esteja passando por isso agora mesmo. É um lugar solitário para viver. Se você se sente como se estivesse apenas pendurada por um fio, quero que saiba que há ajuda e cura para você. Ao olhar para a minha vida hoje, tenho certeza de uma coisa: eu sou um milagre. Sou abraçada pelo Deus dos milagres. Então, o que aconteceu? O que mudou? A mudança não aconteceu porque de repente fiquei confiante ou tive uma aula de autoajuda. De modo algum. Limitei-me a estender a mão e a tocar a borda do seu manto.

> E estava ali certa mulher que havia doze anos vinha sofrendo de uma hemorragia e gastara tudo o que tinha com os médicos; mas ninguém pudera curá-la. Ela chegou por trás dele, tocou na borda de seu manto, e imediatamente cessou sua hemorragia. "Quem tocou em mim?", perguntou Jesus. Como todos negassem, Pedro disse: "Mestre, a multidão se aglomera e te comprime". Mas Jesus disse: "Alguém tocou em mim; eu sei que de mim saiu poder". Então a mulher, vendo que não conseguiria passar despercebida, veio tremendo e prostrou-se aos seus pés. Na presença de todo o povo contou por que tinha tocado nele e como fora instantaneamente curada. Então ele lhe disse: "Filha, a sua fé a curou! Vá em paz" (Lucas 8:43–48).

Deixem-me dizer uma coisa sobre essa história. O primeiro milagre que essa mulher recebeu foi que a hemorragia que ela vinha tendo havia doze longos anos parou. O maior milagre nesse dia foi o fato de ela ser capaz de ir em paz. Essa história teve um impacto sobre a minha vida e acredito que terá sobre a sua.

É difícil compreender como era a vida para as mulheres no mundo antigo. Penso que ninguém precisava mais da mensagem da graça de Jesus do que elas. As suas liberdades eram severamente restringidas pelas leis judaicas. Estavam basicamente confinadas à casa do seu pai e, depois, à do seu marido. Podemos supor que Maria e Marta não eram casadas e que seu pai tinha morrido, pois viviam com o seu irmão, mas e essa mulher? Por causa do seu sangramento, ela era ritualmente impura pela lei judaica. Deve ter vivido sozinha, pois qualquer coisa ou alguém em quem tocasse também se tornava impuro. Consegue imaginar como deve ter sido não tocar em outro ser humano durante doze anos? Nunca ser abraçada, nunca ser amparada?

Quando soube que Jesus estava por perto, ela decidiu que era agora ou nunca. Ela quebrou muitas leis naquele dia. Ela não devia ter estado em uma multidão. Não só isso, mas uma mulher nunca deveria ter tocado em um homem em público, nem mesmo no próprio marido. Mas ela estava desesperada, por isso estendeu a mão e tocou em uma das quatro orlas que os homens judeus usavam nas bordas do seu manto. Jesus sentiu imediatamente que poder tinha saído dele. Os discípulos não faziam ideia do que estava acontecendo. Por que Jesus perguntaria quem o tocou, quando a multidão era tão densa? Seria como perguntar na Target, em dia de Black Friday: "Quem me empurrou?". Mas Jesus disse que alguém o tinha tocado *deliberadamente*. Alguém o tinha tocado com fé. O que ela ia fazer?

Se ela falasse, poderia ser condenada por um tribunal judeu; ou podia simplesmente fugir e ninguém saberia que tinha sido ela. Depois de sete dias, podia apresentar-se no templo e ser declarada limpa, podia voltar à vida normal, podia, como eu, simplesmente se misturar com a multidão. Ela teve o seu milagre, mas será que estava realmente curada? Um milagre não era suficiente; ela precisava ser curada. Então caiu de joelhos e disse a Jesus toda a verdade.

Lucas não nos informa o nome dessa mulher. Todos que contam a sua história se referem a ela como "a mulher do fluxo de sangue". Mas Jesus lhe deu um nome novo. Ele a chamou de "Filha". Você sabia que ela é a única mulher que Jesus chegou a chamar de filha? Ele era o dono dela. Em frente a uma multidão que a teria julgado, Ele disse: "Ela é minha". Se ela tivesse escapado e ido para casa com o seu milagre, teria sido curada, mas não amparada. Jesus disse: "Vá em paz. Você está amparada".

Essa também é a minha história. Sim, passei um mês em um hospital psiquiátrico com bons médicos e medicamentos que fizeram uma enorme diferença, mas foi só quando caí de joelhos aos pés de Jesus e lhe contei toda a verdade que fui curada e amparada. Aconteceu em uma manhã de outono, uma semana antes de ter alta do hospital, enquanto o sol corria pelos vitrais de uma pequena igreja. Sentei-me com uma enfermeira na fila de trás, sentindo-me só. Quando o organista começou a tocar as primeiras notas de um hino familiar, as lágrimas começaram a escorrer pelo meu rosto. Conheço esse hino desde criança. Sentava-me ao lado da minha avó todos os domingos e, quando ela se levantava para cantar um hino, eu me levantava do banco ao lado dela e enterrava o meu rosto no seu casaco, porque tinha o cheiro do perfume dela. Senti tanta saudade de casa naquela manhã! Já não havia lugar para enterrar a minha cabeça. Então, a congregação começou a cantar.

> Rocha eterna, partiu-se para mim,
> Deixe-me esconder em ti;
> Deixe a água e o sangue
> Fluir do teu lado partido,
> Seja a cura para todos os pecados,
> Salve-me dessa culpa e desse poder.
> Nada na minha mão eu tenho,
> Apenas a tua cruz eu carrego.[29]

Eu conhecia as palavras havia muito tempo, mas naquela manhã eu as entendi pela primeira vez. Há um lugar em que podemos nos esconder; há um lugar em que podemos ser amparadas. É o maior de todos os milagres. No dia da minha alta do hospital, meu médico me chamou da janela do seu consultório enquanto eu me dirigia ao meu carro. Ele me fez esta pergunta: "Sheila, quem é você?". Virei-me e sorri quando respondi: "Sou uma filha. Uma filha do Rei dos Reis".

Você já fez isso alguma vez? Não basta aparecer na igreja semana após semana, arrastando a mesma bagagem para dentro e arrastando-a de novo para casa. Quando a dor de permanecer igual é maior do que a dor da mudança, estamos finalmente prontos para mudar. Você consegue dizer a Jesus toda a verdade, contar-lhe tudo. O maior milagre depois da nossa salvação é podermos derramar a nossa história aos pés de Jesus e ouvi-lo dizer: "Filha".

---

29 Augustus Montague Toplady, *Rock of Ages*, de 1763, domínio público.

Agarrando-se à Esperança

1. Milagres mudam nossas circunstâncias; obediência muda o nosso coração.

2. Estenda a mão e toque a borda de seu manto.

3. Quando a dor de permanecer na zona de conforto é maior que a dor da mudança, então estamos finalmente prontos para mudar.

Deus Pai,
Na fé e na obediência, eu te procuro
para o meu milagre.
Amém.

Amparadas por aquele
que mudou tudo

Não se perturbe o coração de vocês. Creiam em Deus; creiam também em mim. Na casa de meu Pai há muitos aposentos; se não fosse assim, eu lhes teria dito. Vou preparar-lhes lugar. E se eu for e lhes preparar lugar, voltarei e os levarei para mim, para que vocês estejam onde eu estiver.
JOÃO 14:1-3

Fundamentalmente, a mensagem de nosso Senhor era Ele próprio. Ele não veio apenas para pregar um evangelho; Ele próprio é esse evangelho. Ele não veio apenas para dar pão; Ele disse: "Eu sou o pão". Ele não veio apenas para lançar luz; Ele disse: "Eu sou a luz". Ele não veio apenas para mostrar a porta; Ele disse: "Eu sou a porta". Ele não veio apenas para nomear um pastor; Ele disse: "Eu sou o pastor". Ele não veio apenas para apontar o caminho; Ele disse: "Eu sou o caminho, a verdade e a vida".
J. SIDLOW BAXTER

Você já teve um daqueles dias em que cada coisinha deu errado? Não apenas uma ou duas coisas, mas todas as coisas. Por onde eu começo?

Cena um. Dormi até tarde. Isso nem sempre é relevante, mas, naquela manhã, eu deveria dar uma palestra em um retiro cristão a cerca de quarenta minutos de distância. Eu me arrumei mais depressa do que qualquer mulher deveria ser obrigada a se arrumar, e Barry e eu saímos correndo. Você já tentou aplicar rímel em um veículo em movimento rápido? Normalmente não termina bem. Havia poucos carros nas ruas naquela manhã, por isso chegamos a tempo no retiro. Tive até tempo para ir ao banheiro e remover as manchas da minha testa. Tudo bem até então, mas o dia tinha acabado de começar. Encontrei-me com a líder do retiro pouco antes da palestra e ela ficou intrigada com o meu sotaque escocês, pois me apresentou como "Shrek com um vestido".

Está aí algo para a sua imaginação.

Cena dois. Falei duas vezes naquela manhã, e depois saímos do retiro ao meio-dia e voltamos para casa. Eu devia gravar três programas de televisão naquela noite, mas tive tempo suficiente para mudar de roupa e chegar ao estúdio às cinco. Sim, eu sei. Não vai acabar bem, né? A meio caminho de casa, ouvimos um estrondo e o carro começou a sair da estrada. Encostamos e vimos que um dos pneus da frente estava furado. Felizmente, a poucos metros dali havia uma borracharia. Barry conduziu o carro lentamente até lá, enquanto eu cantava alguns versos de *Rescue the Perishing*. Um mecânico chamado Darryl olhou para ele e balançou a cabeça. "Esse já era", disse ele. "Vai precisar de um pneu novo."

"Vai demorar muito?" perguntei, esperançosa que não fosse.

"Ficará novinho em folho em vinte minutos", respondeu ele.

Lembre-se, esta é a segunda cena. Não demoraria vinte minutos.

Uma hora mais tarde, ele desistiu.

"Vocês vão rir disso mais tarde", comentou ele, "mas eu não consigo tirar o pneu. Acho que esse pneu vai ficar aí até Jesus voltar. Vão ter que pedir um reboque."

Cena três. O carro está sendo guinchado para a concessionária e Barry e eu estamos em um Uber, voltando para casa. Estamos bem. Ainda tenho tempo suficiente. Vai ficar um pouco apertado, mas conseguirei. Claro que não! É a terceira cena. Quando chegamos em casa, não conseguimos abrir a porta da frente. Tínhamos saído pela garagem, porque estávamos atrasados, não tínhamos tirado o ferrolho, que pesa uma tonelada, do lado de dentro da porta da frente. Olhamos um para o outro por alguns segundos e então tive uma epifania.

"Vamos entrar pela garagem!", gritei, em triunfo.

"E como vamos abrir a garagem?", Barry, sempre cético, perguntou.

"Com o controle da porta da garagem", disse eu da forma menos paternalista possível.

"E onde ele está?", perguntou ele.

"No... bem. No carro que está sendo rebocado."

Cena quatro. Começou a chover. Claro que choveu. Não uma chuva leve, mas uma chuvarada despencando do céu. *Porque não tentaram entrar pela porta dos fundos?*, você me pergunta, querida leitora. Ela tem a mesma trava da porta da frente.

"Terei que quebrar uma janela", disse Barry, com uma espécie de postura de Capitão América.

"Ótima ideia!", disse eu.

Não era.

A boa notícia, a longo prazo, é que nossas janelas não podem ser quebradas. A má notícia, naquele dia, é que nossas janelas não podem ser quebradas. Àquela altura, meu cabelo estava colado à minha cabeça, parecendo uma peruca horrível e o rímel escorria pelo meu queixo.

Cena cinco. Barry ficou em casa para ver se encontrava alguém que o ajudaria a entrar pela garagem. Arranjei uma carona e cheguei ao estúdio. Entrei na sala de maquiagem, onde vários funcionários da equipe já me aguardavam. Silêncio. Ninguém disse nada. Muitos olhares, mas nenhuma palavra. Finalmente, recuperei minha voz e disse à Krisha, minha maquiadora: "Querida, tudo que posso lhe dizer é o seguinte: se alguma vez precisou da ajuda de Jesus, o momento em que você mais precisa dEle é agora!".

Todos caímos na gargalhada. Alguns rolavam no chão de tanto rir. Eu parecia saída de um pântano. (P.S.: Barry conseguiu entrar na casa, mas se recusa a divulgar seu segredo.)

QUANDO A CHUVA NÃO PARAR

Sim, todos temos dias assim. Dias em que tudo dá errado. Mais tarde rimos deles com a família e os amigos. Eles passam e a vida continua. Mas, sejamos honestas, há épocas difíceis na vida que parecem não ter fim. Talvez você esteja no meio de uma delas neste momento.

> Sua família pode estar desmoronando e você não pode fazer nada a respeito.
> Talvez nada lhe reste do seu salário no fim do mês e, se você perder seu emprego, estará em um lugar de desespero.
> Talvez esteja lutando contra ansiedade e ataques de pânico.
> Talvez se sinta desesperadamente só e tenha dificuldades de acreditar que isso mudará em algum momento.
> Talvez esteja vivendo com uma doença crônica que parece nunca melhorar.
> Se o balanço de tudo isso for esse... você perdeu a esperança?

No ano passado, conscientizei-me plenamente de quão pouco entendo sobre algumas das questões com que as pessoas lidam todos os dias. Isso me deixou de joelhos. Dia após dia, ajoelhei-me em silêncio na presença do Senhor. O que você pode dizer a uma mulher com câncer, àquela que acabou de perder a sua casa, àquela que tem medo de deixar os seus filhos saírem de casa por causa da cor da sua pele, àquela cujo marido acabou de largá-la, àquela cujos filhos estão perdidos no mundo das drogas, àquela que está presa no labirinto da doença mental? É dolorosamente claro que nem todo mundo receberá a resposta, a ajuda, a esperança que anseia nesta terra.

Então eu encontrei a resposta com uma clareza que nunca tivera antes. Jesus.

Agora, antes de você me escrever dizendo que eu perdi o contato com a realidade, deixe-me dizer: nunca estive tão em contato com a realidade. Estou convencida de que Cristo é a nossa esperança, não importa o que aconteça neste mundo.

> Nisso vocês exultam, ainda que agora, por um pouco de tempo, devam ser entristecidos por todo tipo de provação. Assim acontece para que fique comprovado que a fé que vocês têm, muito mais valiosa do que o ouro que perece, mesmo que refinado pelo fogo, é genuína e resultará em louvor, glória e honra, quando Jesus Cristo for revelado (1 Pedro 1:6–7).

Jesus é a esperança para cada homem, mulher e criança neste planeta. Não importa se você é forte ou fraca, rica ou pobre, feliz ou triste: Jesus é a sua esperança. Não de um jeito "venha para Jesus e tudo ficará bem". Não. Digo isso na verdade radical de que Jesus veio até nós para fazer com que tudo ficasse bem eternamente. Não há dúvida de que todas nós perderemos algumas batalhas ao longo do caminho. Você sabe que isso é verdade na sua própria vida. Mas, por causa do que Jesus fez por nós, cada pessoa que deposita sua confiança nEle vencerá de maneiras maiores que sequer conseguimos começar a imaginar neste momento. Persista e não desista, pois Ele está amparando você nos braços.

Quero que olhemos de novo para Jesus. Como tenho estudado ao longo dos últimos meses, acredito que o Espírito me deu uma nova visão sobre coisas que não tinha visto antes. Jesus muda tudo, absolutamente tudo. Você pode conhecer bem a história dEle, ou talvez ela seja nova para você, mas me acompanhe e caminhemos com Ele. É uma viagem que muda a vida.

O INÍCIO DA ESPERANÇA

Em seu evangelho, Lucas nos fala da noite em que Cristo nasceu:

> Havia pastores que estavam nos campos próximos e durante a noite tomavam conta dos seus rebanhos. E aconteceu que um anjo do Senhor apareceu-lhes e a glória do Senhor resplandeceu ao redor deles; e ficaram aterrorizados. Mas o anjo lhes disse: "Não tenham medo. Estou lhes trazendo boas novas de grande alegria, que são para todo o povo: Hoje, na cidade de Davi, lhes nasceu o Salvador que é Cristo, o Senhor. Isto lhes servirá de sinal: encontrarão o bebê envolto em panos e deitado numa manjedoura" (2:8–12).

Pergunto-me que imagem vem à sua mente quando imagina essa cena. Lembro-me de assistir a uma peça de Natal na nossa igreja na Escócia, em uma noite de Natal. Tudo corria como planejado, até chegarem à pousada. A única frase do pequeno ator era: "Lamento, mas não há lugar na estalagem". Ele só precisava se lembrar disso, mas, quando Maria e José chegaram à sua porta, ele fez uma pausa, pois era evidente que tinha empatia por eles, e disse: "Ai, por que não? Entrem. Eu arranjo um espaço para vocês!". Toda a igreja irrompeu em gargalhadas, como podem imaginar, mas Maria e José permaneceram em seus personagens e prosseguiram para o estábulo.

A cena tradicional que vemos em cartões de Natal ou em presépios com um estábulo cheio de animais não é o que realmente aconteceu quando Maria deu à luz Jesus. Era uma visão muito mais santa e significativa.

Os pastores aos quais os anjos apareceram naquela noite não eram pastores comuns. Os campos fora de Belém eram onde um grupo especial de pastores criava os cordeiros que seriam sacrificados no templo. Eram chamados de pastores levíticos. Esses pastores mantinham seus rebanhos ao ar livre 24 horas por dia, 365 dias ao ano, mas levavam as ovelhas para uma caverna quando pariam os seus cordeiros.[30] O animal escolhido será macho de um ano, sem defeito, e pode ser cordeiro ou cabrito (Êxodo 12:5). Assim, essa caverna era mantida estéril para a chegada dos cordeiros recém-nascidos. Quando um cordeiro nascia, ele era imediatamente embrulhado em panos limpos, para protegê-lo e o mantê-lo afastado de imperfeições e perigos. Os cordeiros recém-nascidos podem ser desajeitados, por isso eram embrulhados de modo a não se ferirem nas arestas recortadas da caverna.

Quando os anjos fizeram sua declaração a esses pastores levíticos, eles disseram: "Encontrarão o bebê envolto em panos e deitado em uma manjedoura". Os pastores sabiam exatamente para onde ir. Foram à sua caverna de nascimento e viram o menino Jesus, o Cordeiro de Deus imaculado, envolto em panos, deitado em uma manjedoura.

O profundo simbolismo disso me faz prender a respiração. Jesus não nasceu cercado de animais, feno, terra e pó. Não. O nosso Salvador nasceu no lugar onde cada cordeiro sacrificado nascia. Em breve não haveria mais necessidade de sacrificar cordeiros, porque Jesus, o Cordeiro de Deus imaculado, seria sacrificado de uma vez por todas por você e por mim.

Outra coisa interessante e significativa que descobri foi isto: naqueles dias, quando os bebês nasciam, eram lavados com sal, uma espécie de banho antisséptico para remover quaisquer impurezas.[31] Assim, José lavou o corpo de Jesus com sal. Essa é apenas mais uma poderosa ilustração de que Cristo seria o sacrifício por todos os que depositam a sua confiança nEle. No Antigo Testamento, os filhos de Israel tinham regras para como oferecer um sacrifício a Deus: "Não exclua de suas ofertas de cereal o sal da aliança do seu Deus; acrescente sal a todas as suas ofertas" (Levítico 2:13). Cristo, a maior oferta de todas, foi lavado com sal.

Trinta e três anos depois, quando os cordeiros sacrificados estavam sendo levados para Jerusalém para ser sacrificados, Cristo, o Cordeiro de

---

30 LENARD, J. "Jesus' Birth — The Case for Migdal Edar". *Truth in Scripture*, 21 de Janeiro de 2017. Disponível em: https://truthinscripture.net/2017/01/21/jesus-birth-the-case-for-midal-edar/. Acesso em: 20 jun. 2022.
31 Gifford with Sobel, *The Rock, the Road, and the Rabbi*. p. 37.

Deus, estava sendo levado para fora de Jerusalém para ser o sacrifício supremo pelo pecado. "Pois vocês sabem que não foi por meio de coisas perecíveis como prata ou ouro que vocês foram redimidos [...] mas pelo precioso sangue de Cristo, como de um cordeiro sem mancha e sem defeito" (1 Pedro 1:18–19).

O PLANO PERFEITO DE DEUS

Há mais de trezentas profecias sobre Jesus no Antigo Testamento — 55 especificamente sobre seu nascimento, seu ministério, sua morte e ressurreição, e seu papel na igreja. Ele cumpriu cada uma delas. Oito séculos antes do nascimento de Jesus, o profeta Isaías escreveu isto:

> Foi desprezado e rejeitado pelos homens, um homem de tristeza e familiarizado com o sofrimento. Como alguém de quem os homens escondem o rosto, foi desprezado, e nós não o tínhamos em estima. Certamente ele tomou sobre si as nossas enfermidades e sobre si levou as nossas doenças, contudo nós o consideramos castigado por Deus, por ele atingido e afligido. Mas ele foi transpassado por causa das nossas transgressões, foi esmagado por causa de nossas iniquidades; o castigo que nos trouxe paz estava sobre ele, e pelas suas feridas fomos curados (Isaías 53:3–5).

Alguma vez você se perguntou o que Isaías pensou quando escreveu esse trecho? Ele estava descrevendo em detalhes o que aconteceria a Jesus centenas de anos antes de isso acontecer. Muitos dos profetas receberam revelações incríveis de Deus, mas algo aconteceu com Isaías, mudando sua vida. Lembra-se do que foi? Isaías viu Jesus.

Cristo apareceu a Elias, mas ele não o reconheceu (1 Reis 19:7). (Quando a expressão *o anjo do Senhor* é usada no Antigo Testamento, ela se refere a Cristo, a segunda pessoa da divindade.[32]) Ele apareceu a Abraão, que não sabia quem Ele era (Gênesis 18:1–2). Isaías, porém, viu o Senhor e sabia quem Ele era. "No ano em que o rei Uzias morreu,

---

32 WIERSBE. *The Wiersbe Bible Commentary OT*, p. 661.

eu vi o Senhor [...] Então gritei: Ai de mim! Estou perdido! Pois sou um homem de lábios impuros e vivo no meio de um povo de lábios impuros; e os meus olhos viram o Rei, o Senhor dos Exércitos!" (Isaías 6:1,5). João confirmou isso no seu evangelho: "Isaías disse isso porque viu a glória de Jesus e falou sobre ele" (João 12:41).

Será uma coisa e tanto quando um dia estivermos todos em casa e compreendermos toda a espantosa história redentora. Quando cada peça for finalmente colocada no quebra-cabeças, eu sei que nos prostraremos e adoraremos. Cristo veio com um único propósito. Ele veio para pagar o preço do pecado e nos dar um caminho de volta à casa de Deus, nosso Pai. Ele deixou a glória que Isaías viu para nascer como filho de pais pobres.

De acordo com a lei de Moisés, um menino primogênito devia ser levado ao templo em Jerusalém quando tivesse quarenta dias de idade, a fim de ser apresentado ao Senhor. Um sacrifício era feito, para que a mãe pudesse ser declarada cerimoniosamente pura. Os pais ricos traziam um cordeiro como sacrifício, mas a lei oferecia alternativas àqueles que não podiam pagar um cordeiro. "Se ela não tiver recursos para oferecer um cordeiro, poderá trazer duas rolinhas ou dois pombinhos" (Levítico 12:8). Foi isso que Maria fez nesse dia. Quem a viu se aproximar do templo teve a impressão de que uma pobre moça estava trazendo duas rolinhas. Ele não entendeu que ela trazia o Cordeiro de Deus.

CURVANDO-SE PARA ELEVAR-NOS PARA O ALTO

Vivemos em um mundo em que as pessoas lutam por posição e influência. Ser chamado de "influenciador" hoje em dia representa um valor monetário. Se você tiver seguidores suficientes nos canais das redes sociais, os anunciantes pagarão para aparecer no seu *site*. A vida que Cristo viveu do princípio ao fim foi o oposto desse tipo de autopromoção. Sua vida foi uma vida de pura humildade. Pense no dia em que Ele foi batizado. Minha amiga Angie Smith escreveu um belo estudo bíblico chamado *Matchless: The Life and Love of Jesus* [Incomparável: a vida e o amor de Jesus]. Ela escreve: "Imagine as multidões observando enquanto João coloca um braço em volta do seu primo — daquele que o mundo tinha esperado. [...] Por uma fração de segundo, o peso de Jesus é baixado e levantado por um mero homem... Ele veio para se rebaixar e para nos levantar".³³

Essa humildade me deixa atônita. O Filho de Deus, Aquele que falou e o mundo veio a existir, sendo baixado à água, confiando que seu primo o seguraria e não soltaria. Nunca duvide desta verdade: Aquele que se deixou abaixar fez isso para que você pudesse ser abraçado para sempre. Mas Cristo abaixou-se ainda mais na cruz.

Falamos um pouco sobre o que se passou na cruz, mas só recentemente me dei conta do terrível significado do fato de Cristo ter sido crucificado na cruz do meio. João Calvino escreveu: "Ao pendurá-lo no meio, deram-lhe o lugar de destaque, como se Ele fosse o líder dos ladrões".³⁴

Para os espectadores naquele dia, Jesus parecia ser o líder de um bando de bandidos. Ainda mais devastador, parecia que Ele estava permanentemente amaldiçoado por Deus. Judeus devotos vindos de todo o mundo para a Páscoa se recusavam a olhar para Ele. Paulo nos lembra por que: "Cristo nos redimiu da maldição da lei quando se tornou maldição em nosso lugar, pois está escrito: 'Maldito todo aquele que for pendurado num madeiro'" (Gálatas 3:13).

Martinho Lutero esboça a imagem de uma realidade ainda mais chocante daquilo que aconteceu com Jesus durante a sua crucificação: "Ele se tornou pecador e ladrão — não só um, mas todos os pecadores e todos os ladrões [...]. E todos os profetas viram isso, que Cristo se tornaria o maior ladrão, assassino, adúltero, ladrão, profanador, blasfemador etc. que já existiu em qualquer parte do mundo".³⁵

> Ele carregou o pecado de muitos, e intercedeu pelos transgressores (Isaías 53:12).

---

33 SMITH, A. *Matchless: The Life and Love of Jesus*. Nashville: Lifeway Press, 2020. p. 74.
34 CALVIN, J. *A Harmony of the Gospels of Mathew, Mark and Luke*. v. 3. Calvin's NT Commentaries. Grand Rapids: Eerdmans, 1991. p. 197.
35 LUTHER, M. *Lectures on Galatians*. Luther's Works. v. 26. St. Louis: Concordia, 1963. p. 277.

Pela primeira vez em toda a eternidade, Cristo estava totalmente só. Do alto da cruz, Ele disse à sua mãe e a João: "Quando Jesus viu sua mãe ali, e, perto dela, o discípulo a quem ele amava, disse à sua mãe: 'Aí está o seu filho', e ao discípulo: 'Aí está a sua mãe'" (João 19:26–27). Deus Pai tinha se afastado e agora Jesus estava dando a sua mãe ao seu amigo. Na cruz, Ele não era filho de ninguém e não tinha Pai.

Não importa o que você e eu enfrentemos, nunca estaremos naquele lugar. Você sempre será amparada por Aquele que mudou tudo. Nunca, jamais estará sozinha. Sempre será amada. Sempre será amparada por Aquele que se abaixou para elevar você.

COLOCADO EM UM TÚMULO

Assim como aquele bebê minúsculo havia sido envolto em panos e deitado em uma manjedoura, agora Jesus estava envolto em panos e deitado em um túmulo. Se a história de Cristo tivesse terminado ali, não teríamos razões para ter esperança. Ele teria sido um homem bom e bondoso, mas nós ainda estaríamos perdidos e sozinhos. Felizmente, a história estava longe de terminar. A maior peça do quebra-cabeças da humanidade que tinha desaparecido desde que o pecado tinha entrado no mundo, no jardim de Éden, estava prestes a ser colocada em seu lugar de uma vez por todas.

No domingo, cedo de manhã, Maria Madalena foi ao túmulo com especiarias e pomadas para o corpo ferido e ensanguentado de Cristo, apenas para descobrir que a pedra tinha sido removida. Ela correu o mais rápido que pôde para contar isso aos discípulos.

> Pedro e o outro discípulo saíram e foram para o sepulcro. Os dois corriam, mas o outro discípulo foi mais rápido que Pedro e chegou primeiro ao sepulcro. Ele se curvou e olhou para dentro, viu as faixas de linho ali, mas não entrou. A seguir Simão Pedro, que vinha atrás dele, chegou, entrou no sepulcro e viu as faixas de linho, bem como o lenço que estivera sobre a cabeça de Jesus. Ele estava dobrado à parte, separado das faixas de linho (João 20:3–7).

Li um conto popular sobre o significado de dobrar o pano que cobriu a cabeça de Jesus. Supostamente, havia uma tradição entre um mestre e um servo. Quando um mestre terminava de comer, enrolava o guardanapo como uma forma de dizer que tinha terminado. Se estivesse bem dobrado, significava que ele voltaria. Adoro essa história, mas não fui capaz de confirmá-la em nenhuma literatura judaica. Jesus, contudo, não fez segredo da verdade de que Ele voltaria! "Então ele começou a ensinar-lhes que era necessário que o Filho do homem sofresse muitas coisas e fosse rejeitado pelos líderes religiosos, pelos chefes dos sacerdotes e pelos mestres da lei, fosse morto e três dias depois ressuscitasse" (Marcos 8:31).

Até seus inimigos se lembraram. Os líderes religiosos entraram em pânico depois de Cristo ter sido colocado no túmulo e por isso foram falar com Pilatos. "E disseram: 'Senhor, lembramos que, enquanto ainda estava vivo, aquele impostor disse: Depois de três dias ressuscitarei'. Ordena, pois, que o sepulcro dele seja guardado até o terceiro dia" (Mateus 27:63–64).

No início do seu ministério, alguns dos líderes religiosos exigiram que Jesus fizesse um sinal, como se Ele fosse um artista de circo. Jesus recusou. Disse-lhes que os únicos sinais que receberiam era um que já tinha sido realizado e outro que ainda estava por acontecer. "Pois assim como Jonas esteve três dias e três noites no ventre de um grande peixe, assim o Filho do homem ficará três dias e três noites no coração da terra" (Mateus 12:40).

Lucas, o médico, lembrou-se de outro detalhe sobre aquela manhã de ressurreição. Quando as mulheres olharam para dentro do túmulo vazio, viram dois anjos magníficos. "Amedrontadas, as mulheres baixaram o rosto para o chão, e os homens lhes disseram: 'Por que vocês estão procurando entre os mortos aquele que vive? Ele não está aqui! Ressuscitou!'" (Lucas 24:5–6).

É SÓ NO DOMINGO QUE A SEXTA-FEIRA FAZ SENTIDO

Na sexta-feira nada fazia sentido. Para aqueles que amavam e tinham seguido Jesus durante três anos, toda a sua esperança estava pendurada na cruz nesse dia. O que tinha acontecido? O que tinha dado errado? Talvez alguns dos espectadores tenham se perguntado se haveria um milagre. Se Ele fosse quem dizia ser, será que os anjos viriam e o resgatariam? Eles olharam, esperaram e, depois, ouviram estas palavras: "Está consumado!". O apóstolo João nos conta: "Com isso, curvou a cabeça e entregou o espírito" (João 19:30).

Consumado! Depois de tudo que Ele disse, de tudo que Ele fez, estava tudo acabado.

Era sexta-feira, mas então veio o domingo! Não consigo imaginar como deve ter sido esse dia para as mulheres no túmulo. Jesus tinha ido embora. Elas tinham assistido à sua morte, mas agora Ele estava vivo? Como alguém sequer começa a processar isso? Mas e Pedro?

Tenho me perguntado frequentemente como Pedro reagiu à notícia de que Jesus estava vivo. Ele deve ter pensado no que Jesus tinha lhe dito na noite da sua última refeição juntos.

> "Simão, Simão, Satanás pediu vocês para peneirá-los como trigo. Mas eu orei por você, para que a sua fé não desfaleça. E quando você se converter, fortaleça os seus irmãos". Mas ele respondeu: "Estou pronto para ir contigo para a prisão e para a morte". Respondeu Jesus: "Eu lhe digo, Pedro, que antes que o galo cante hoje, três vezes você negará que me conhece" (Lucas 22:31-34).

Mais uma vez, vemos aqui que qualquer sofrimento que vivamos tem que passar primeiro pelas mãos de Cristo. Isso não quer dizer que Deus cause o sofrimento que experimentamos, mas nenhuma dessas experiências está fora do seu controle. Vivemos em um mundo danificado e caído, mas Deus usará o nosso sofrimento para a sua glória e para nos tornar mais parecidas com Jesus.

Satanás precisou pedir permissão. Jesus disse a Pedro e aos outros discípulos que Satanás tinha pedido para sacudir cada um deles violentamente a ponto de eles caírem. Mas então Ele voltou o seu olhar diretamente para Pedro. Só posso imaginar a compaixão nos seus olhos quando Ele disse a Pedro que Ele tinha implorado em oração para que a fé dele não falhasse. Quando li essa passagem como uma jovem crente, achei-a muito confusa. Jesus orou para que Pedro não falhasse, e mesmo assim Pedro falhou. Ele chegou até a negar que conhecia Jesus — não apenas uma, mas três vezes. Será que a oração de Cristo tinha falhado? Não.

Jesus disse: "E quando você se converter, fortaleça os seus irmãos" (Lucas 22:32). Jesus sabia que Pedro entraria em pânico quando tudo ficasse fora de controle e parecesse que ele também poderia ser preso. Jesus também sabia que Pedro daria meia-volta e voltaria para Ele. A palavra grega usada aqui para "virar-se" é *epistrepho*, que significa "voltar atrás, voltar para trás". Penso que é uma coisa bonita o fato de que, ao mesmo tempo que Jesus dizia a Pedro que ele iria falhar, estava lhe dando uma nova comissão: "Fortaleça os seus irmãos".

Você já percebeu na sua própria vida que, quando se sente como se tivesse falhado, é só disso que se lembra? Um professor pode ter-lhe dito que ambos os seus filhos estão se dando muito bem na escola, só que Sam está um pouco atrasado em matemática. Tudo o que você ouve é que Sam está falhando em matemática.

Ou você tem um emprego novo e, na sua primeira avaliação, seu chefe lhe diz que aprendeu muito mais rápido do que o esperado, mas que talvez devesse fazer algumas pequenas alterações na forma como arquiva as encomendas. Tudo o que ouve é que está arquivando tudo errado.

Pedro se lembrou daquilo que Jesus tinha dito? Será que ele se lembrou de "Quando você se converter, fortaleça os seus irmãos", ou apenas de "Três vezes você negará que me conhece"? Jesus nos entende. Vemos isso na mensagem do anjo para as mulheres no túmulo: "Vão e digam aos discípulos dele *e a Pedro*: 'Ele está indo adiante de vocês para a Galileia. Lá vocês o verão, como ele lhes disse'" (Marcos 16:7, grifo meu). Se a mensagem tivesse sido simplesmente "Vão e digam aos discípulos dele", será que Pedro teria ido? Talvez não. Jesus sabia que estava voltando para o Pai e não queria deixar nenhum assunto inacabado com aqueles que Ele amava. Jesus estava prestes a dar a Pedro uma oportunidade de revisitar o momento em que ele o tinha negado três vezes, cancelando toda e qualquer negação. Finalmente, a sexta-feira faria sentido.

JESUS MUDOU TUDO

A noite em que Jesus foi preso era fria. Havia cheiro de fumaça no ar.

> Simão Pedro e outro discípulo estavam seguindo Jesus. Por ser conhecido do sumo sacerdote, esse discípulo entrou com Jesus no pátio da casa do sumo sacerdote, mas Pedro teve que ficar esperando do lado de fora da porta. O outro discípulo, que era conhecido do sumo sacerdote, voltou, falou com a moça encarregada da porta e fez Pedro entrar. Ela então perguntou a Pedro: "Você não é um dos discípulos desse homem?" Ele respondeu: "Não sou". Fazia frio; os servos e os guardas estavam ao redor de uma fogueira que haviam feito para se aquecerem. Pedro também estava em pé com eles, aquecendo-se (João 18:15–18).

Pedro e João (de acordo com a maioria dos comentaristas) seguiram Jesus e, já que João conhecia o sumo sacerdote, conseguiu obter permissão para que Pedro entrasse no pátio. Pedro se juntou àqueles que estavam se aquecendo ao redor de uma fogueira. Era uma noite da qual Pedro jamais se esqueceria. Isso foi na sexta-feira, e nada fazia sentido.

Agora Jesus estava vivo de novo. Eles o tinham visto duas vezes, mas não faziam ideia de como a sua vida seria a partir de agora. Assim, os discípulos saíram de Jerusalém e voltaram para a Galileia. Ainda abalados com tudo que tinha acontecido, Pedro decidiu fazer o que sabia fazer melhor. Ele foi pescar.

> "Vou pescar", disse-lhes Simão Pedro. E eles disseram: "Nós vamos com você". Eles foram e entraram no barco, mas naquela noite não pegaram nada. Ao amanhecer, Jesus estava na praia, mas os discípulos não o reconheceram. Ele lhes perguntou: "Filhos, vocês têm algo para comer?" "Não", responderam eles. Ele disse: "Lancem a rede do lado direito do barco e vocês encontrarão". Eles a lançaram, e não conseguiam recolher a rede, tal era a quantidade de peixes. O discípulo a quem Jesus amava disse a Pedro:

"É o Senhor!" Simão Pedro, ouvindo-o dizer isso, vestiu a capa, pois a havia tirado, e lançou-se ao mar.

Os outros discípulos vieram no barco, arrastando a rede cheia de peixes, pois estavam apenas a cerca de noventa metros da praia. Quando desembarcaram, viram ali uma fogueira, peixe sobre brasas, e um pouco de pão. Disse-lhes Jesus: "Tragam alguns dos peixes que acabaram de pescar". Simão Pedro entrou no barco e arrastou a rede para a praia. Ela estava cheia: tinha cento e cinquenta e três grandes peixes. Embora houvesse tantos peixes, a rede não se rompeu. Jesus lhes disse: "Venham comer". Nenhum dos discípulos tinha coragem de lhe perguntar: "Quem és tu?" Sabiam que era o Senhor. Jesus aproximou-se, tomou o pão e o deu a eles, fazendo o mesmo com o peixe. Esta foi a terceira vez que Jesus apareceu aos seus discípulos, depois que ressuscitou dos mortos. Depois de comerem, Jesus perguntou a Simão Pedro: "Simão, filho de João, você me ama realmente mais do que estes?" Disse ele: "Sim, Senhor, tu sabes que te amo". Disse Jesus: "Cuide dos meus cordeiros". Novamente Jesus disse: "Simão, filho de João, você realmente me ama?" Ele respondeu: "Sim, Senhor tu sabes que te amo". Disse Jesus: "Pastoreie as minhas ovelhas". Pela terceira vez, ele lhe disse: "Simão, filho de João, você me ama?" Pedro ficou magoado por Jesus lhe ter perguntado pela terceira vez "Você me ama?" e lhe disse: "Senhor, tu sabes todas as coisas e sabes que te amo". Disse-lhe Jesus: "Cuide das minhas ovelhas". (João 21:3–17)

Enquanto Pedro estava sentado na praia com Jesus, com o cheiro do fogo de carvão no ar, igual àquela noite terrível em que ele tinha negado sequer o conhecer, mais uma vez foram-lhe feitas três perguntas.
Não é mais verdade que "Você o conhece?". Não! Não! Não!
Desta vez "Você me ama?". Sim! Sim! Sim!
Jesus tinha mudado tudo.

VOCÊ JÁ ESTÁ CONSERTADA?

Uma das perguntas que me fazem mais do que qualquer outra sobre meu diagnóstico de depressão clínica é: "Você já está consertada?". Lembro-me de ter sido uma convidada em um programa de rádio em Los Angeles e essa foi a primeira pergunta: "Você está consertada e quanto tempo levaram para consertar você?". Tive que sorrir. Garanti aos ouvintes que, quando estivesse consertada, eu voltaria ao programa e eles seriam os primeiros a saber. Rimos, mas então eu lhes disse que a verdade é simples. Não estou consertada. É muito melhor do que isso. Sou redimida, resgatada, estou sendo amparada por Aquele que mudou tudo, mesmo quando estou debaixo da chuva, com pneu furado, porta trancada e tudo mais. Você também está. Tudo bem se você não estiver bem. Você não precisa ser perfeita. Você é amada perfeitamente do jeito que é.

Jesus conhece você.
Ele entende você.
Ele vê seu quebrantamento e jamais a soltará.
Você está sendo amparada por Aquele que mudou tudo.
Se você tem vivido em uma sexta-feira por muito tempo, persista; o domingo está vindo!

Agarrando-se à Esperança

1. Cristo é a nossa esperança, não importa o que aconteça neste mundo.

2. Jesus conhece você, Ele entende você, Ele está segurando todos os pedaços da sua história e jamais abandonará você.

3. Você não precisa ser consertada; você foi redimida.

*Deus Pai,
Obrigada por enviar Jesus para assumir
o meu lugar e mudar a minha história.
Amém.*

Solte! Você está sendo amparada

Deu-me ampla liberdade;
livrou-me, pois me quer bem.
O Senhor me tratou segundo a minha retidão;
segundo a pureza das minhas mãos me recompensou.
2 SAMUEL 22:20-21

Não importa quão devastadoras sejam nossas lutas, decepções e dificuldades, elas só são temporárias. Não importa o que aconteça com você, não importa a profundeza da tragédia ou dor que encare, não importa como a morte assombre você e seus entes queridos, a ressurreição lhe promete um futuro de bem imensurável.
JOSH MCDOWELL

Às vezes, agarrar e soltar são parceiros silenciosos... peças do quebra-cabeças que, surpreendentemente, se encaixam de forma perfeita uma na outra. Eu disse no início deste livro que meu marido é um extrovertido. Posso ter mencionado que, às vezes, ele faz... bem... perguntas interessantes relacionadas à possibilidade de os gatos sorrirem. O que não revelei, contudo, é a sua obsessão por chimpanzés. Isso se tornou abundantemente aparente no dia em que levamos o nosso filho a um parque de diversões na Flórida. Na época, eu era membro do conselho do parque, e um dos meus colegas teve a generosidade de nos presentear com uma entrada para os passeios e espetáculos. Christian estava louco para ver a apresentação dos atores animais. Quando nos sentamos em nossos lugares antes do início do espetáculo, um jovem funcionário nos disse que seríamos escolhidos para participar com alguns dos animais se nos sentíssemos à vontade com isso. Respondemos que sim. Foi um espetáculo. Maravilhoso. Uma arara magnífica sobrevoou o público e aterrizou no ombro de Christian. Ele foi convidado a subir no palco para jogar bolas para dois cães adoráveis, que dominavam todos os tipos de truques. Até agora, tudo bem. Mas então apareceu o chimpanzé. O treinador perguntou ao Barry se ele gostaria de segurar o Bubbles. Achei que ele choraria de alegria quando Bubbles o abraçou e lhe deu um grande beijo na bochecha. O chimpanzé pôs seu chapéu na cabeça do Barry, e o público riu e bateu palmas. Depois chegou o momento de devolver Bubbles. Barry não se mexeu. Ele se agarrou ao chimpanzé como se estivesse em um *Titanic* afundando. O treinador sinalizou a Barry, pedindo que trouxesse Bubbles de volta ao palco. Barry simplesmente acenou de volta. Ele não se mexeu. "Está na hora de devolvê-lo", sussurrei no ouvido de Barry. Eventualmente, o treinador conseguiu soltar os braços de Barry que se agarravam ao seu novo melhor amigo peludo, e ele teve que o soltar. A caminho de volta para o hotel, Christian perguntou ao seu pai: "Você não sabia que tinha que devolver o chimpanzé, pai?".

"Sabia", foi a resposta. "Eu só queria segurá-lo mais um pouco". Conheço essa sensação. Quando abraço meu filho antes de ele voltar para a faculdade, quero sempre segurá-lo um pouco mais.

Mas há momentos na vida em que não temos outra escolha senão soltar as coisas que pensávamos estarem sempre na nossa vida. Pode ser uma relação, um casamento, um lar, uma carreira, algo com que contávamos, algo que achávamos que nos definia. Essas perdas nos abalam no âmago, como se um tsunâmi tivesse atingido a nossa fundação e nada mais parecesse igual.

Para mim, essa perda foi tão simples como um anel (você já vai entender). O ano de 2020 foi um desafio financeiro também para nós. Normalmente viajo para falar em conferências em cerca de 25 ou trinta fins de semana por ano. Quando se tornou claro quão rápido o vírus estava se espalhando e quão contagioso ele era, todos os nossos eventos foram cancelados. Por isso, provavelmente como você também, tivemos que fazer algumas mudanças nas nossas vidas. As aulas de pós-graduação do nosso filho passaram a ser *on-line*, mas as mensalidades ainda precisavam ser pagas, assim como o aluguel do quarto dele e seu carro. Patrocinamos várias crianças no exterior e estávamos empenhados no seu futuro, portanto não podíamos deixar de apoiá-las. Nós nos sentamos à mesa da nossa sala de jantar com um bloco e um lápis e analisamos todas as nossas despesas, para ver quais seriam as coisas mais óbvias a cortar. Cortamos tudo que podíamos. Quando penso nas coisas que cortamos, tenho plena consciência de que foram sacrifícios mínimos em comparação com o que muitos estavam vivenciando. Para algumas pessoas, a vida que conheciam mudou completamente.

Estávamos indo bem, mas tivemos um mês em que as coisas apertaram. Havia algumas contas escolares extras que precisavam ser pagas e eu, infelizmente, incorri em algumas contas médicas inesperadas. Ao descer as escadas uma noite no escuro, caí e fraturei quatro costelas. Não só isso: também parti um dos meus dentes da frente na linha da gengiva. Você faz alguma ideia da diferença que um dente frontal faz na sua aparência? Sempre que tentava sorrir para o espelho, eu me assustava comigo mesma. Perguntei ao meu dentista o que seria necessário fazer e ele me explicou os procedimentos e os custos relacionados. Nosso orçamento, que tínhamos elaborado com tanto cuidado, não valia mais nada.

Alguma vez você já esteve em uma situação semelhante? Tudo está indo bem e então algo inesperado acontece e a matemática deixa de funcionar. Nossa luz no fim do túnel naquele mês era um cheque que esperávamos receber e que nos era devido havia algum tempo. Era mais do que o necessário para cobrir os custos adicionais. Barry ligou para verificar e foi informado de que o cheque já estava a caminho. Ficamos aliviados e gratos.

Esperamos o carteiro ansiosamente durante os dias seguintes e depois recebi um e-mail. O texto era curto e simples: "Lamentamos muito, mas não podemos pagar você". Era evidente que eles, como muitas outras pessoas, estavam em uma situação pior do que a nossa. Não havia nada a fazer. Mas não tínhamos ideia nem do que fazer.

SOLTE!

Barry e eu ficamos sentados em silêncio durante alguns momentos depois de ele ter lido o e-mail. Sempre que enfrentamos desafios financeiros no passado, Barry sofreu mais do que eu. Ele nunca quer que eu me preocupe; ele quer suportar o peso do fardo sozinho. Achávamos que tínhamos sido tão cuidadosos; tínhamos um plano, mas não foi preciso muito para desmantelá-lo.

Analisamos nossas opções e não havia muitas. Estávamos decididos: Christian continuaria sua pós-graduação; embora ele tivesse se oferecido para procurar um trabalho de meio período para ajudar, sua agenda na faculdade estava lotada — e não só isso: os números devastadores da covid na região em que ele morava tinham tornado impossível encontrar um emprego. Eu estava disposta a andar por aí sem dente por um período; afinal, usava uma máscara na maior parte do tempo, mas meu dentista disse que meu dente precisava ser consertado, caso contrário meus outros dentes se deslocariam. *Para onde iriam?*, perguntei-me. As visões disso foram alarmantes. Tanto quanto pude ver, havia uma solução óbvia. Eu sabia o que precisávamos fazer. Eu também sabia que Barry não gostaria disso.

"Acho que devemos vender o meu anel de noivado", eu disse.

"De forma alguma", ele respondeu.

Vinte e sete anos atrás ele tinha vendido o seu bem mais prezado, um piano *mini grand*, para comprar o meu anel. Era um anel lindo, e eu o adorava. Nunca esquecerei a noite em que Barry me pediu em casamento. Ele estava suando tanto que pensei que estava com gripe!

"É a única coisa da qual podemos nos separar; a venda do anel nos daria o fôlego financeiro necessário", eu disse.

"Não vamos fazer isso", respondeu ele. "É o seu anel."

Discutimos por alguns minutos todos os prós e contras e não chegamos a lugar nenhum. Só a ideia de vender o anel magoava o coração de Barry.

"Vou dar uma volta de carro e tomar um café", eu disse. "Basta perguntar a Deus o que devemos fazer e é isso que farei."

Estacionei em frente à minha cafetaria preferida, mas não entrei. Precisava conversar com o meu Melhor Amigo.

"Senhor, tu sabias que isso ia acontecer. Nós não previmos. Precisamos da tua ajuda agora mesmo. Eu adoro o meu anel, mas é apenas um anel. O que me interessa somos nós três: meu marido, meu filho e eu. Em um mundo que está desmoronando, não quero saber de casas, nem de carros, nem de anéis. Eu me preocupo contigo, e tu te preocupas conosco. Tu nos amas, e nós nos amamos uns aos outros. É todo o milagre de que preciso. Estou feliz por abrir mão de todo o resto."

Fiquei sentada em silêncio por algum tempo, orando pelo meu marido. Não queria que ele pensasse que eu não tinha levado a sério o seu lindo dote. Só queria que ele compreendesse que eu não precisava de um diamante para me lembrar de que ele me ama; vejo isso todos os dias em seus pequenos gestos e, além disso, ainda tinha a minha aliança de casamento.

Voltei para casa. Barry estava sentado no sofá da nossa sala, um cão de cada lado. (O que faríamos sem os nossos cães quando a vida é difícil?) Decidi ser muito honesta.

"Barry, houve momentos no nosso casamento em que eu precisei desse anel. Precisava dele quando as coisas se tornavam difíceis, para me lembrar do compromisso que assumi para com Deus e com você. Temos passado por momentos difíceis ao longo dos anos, mas já não preciso disso. Posso deixá-lo ir, porque Deus nunca nos deixará ir e nós jamais deixaremos um ou outro ir."

Ambos derramamos algumas lágrimas naquele dia quando Barry saiu com o anel para vendê-lo, mas ambos agradecemos por conseguir pagar as nossas contas. Ele voltou com um sorriso no rosto. Ele vivenciou paz ao deixá-lo ir.

Se você já se encontrou em uma situação muito mais séria nos últimos meses ou anos, a nossa história pode parecer ridiculamente insignificante em comparação com o que você perdeu. Se isso for verdade, lamento imensamente. É minha oração que Deus lhe mostre de formas significativas que Ele está com você. Oro para que você saiba que Ele está operando de formas que você talvez não veja neste momento; que, mesmo quando você precisa se separar de algo que ama, você está sendo amparada por Aquele que ama você e que nunca a soltará.

Só Deus sabe o que Ele está fazendo nas nossas vidas. Penso que soltar e amparar trabalham de mãos dadas. Soltamos o que não podemos amparar, para nos apegar ao nosso Pai, que nunca nos soltará. Às vezes, Ele responde a orações que viemos fazendo há muito tempo, e às vezes, na sua bondade e misericórdia, Ele nos permite ver.

DEUS ESTÁ TRABALHANDO O TEMPO TODO

Enquanto escrevia este capítulo, recebi um e-mail de alguém que nunca tinha encontrado antes. Seu nome é Gordon Dasher. O título do e-mail era "O seu impacto sobre o meu pai idoso". Ele começou o e-mail com a triste notícia de que o seu pai tinha acabado de falecer alguns dias antes devido à covid. Tinha oitenta e oito anos. Gordon compartilhou comigo algumas das questões com que ele e seu pai tinham lutado ao longo dos anos; no entanto, após essa perda, ele encontrou um bilhete do seu pai na geladeira e isso o ajudou a ver que Deus sempre esteve trabalhando. Era uma citação de um livro meu que seu pai tinha datilografado e colocado onde poderia ver todos os dias.

Escrevi a Gordon para lhe agradecer por ter tido a amabilidade de me avisar. Alguns dias depois, ele respondeu e eu descobri que Gordon é o cunhado de Phil Robertson. Talvez você conheça Phil do programa *Duck Dynasty*. A senhora Kay (esposa de Phil) é uma querida amiga minha, por isso era um vínculo encantador. Gordon escreve para um dos blogues da família, e enviou-me um artigo que escreveu sobre o seu pai e a fidelidade de Deus. Perguntei-lhe se podia compartilhar um pouco aqui com você e ele respondeu que sim.

> No Dia de Ação de Graças, eu lhe disse que ele era um rapazinho de 12 anos preso no corpo de um idoso. Assim, quando ele me telefonou e me disse que seu teste de covid tinha dado positivo, não fiquei preocupado. E ele também não estava. Ambos sabíamos que ele iria vencer. Ele se gabava: "Isso não é nada especial — apenas uma pequena tosse". Assim que saiu do consultório do médico, foi às urnas e deu o seu último voto. Depois fez compras no Sam's e mandou lavar seu carro. Mas, no espaço de uma semana, ele estava em grave perigo. Eventualmente, meus irmãos e eu tivemos de tomar a difícil decisão de desligar os equipamentos que o mantinham vivo.
> A principal razão, porém, pela qual eu não estava preparado para a partida dele, era que tínhamos assuntos inacabados. Quando a minha mãe caiu e sofreu uma hemorragia cerebral grave há

cerca de um ano, seu desejo de assumir o controle e encontrar uma solução foi despertado. Ela não podia fazer nada sem que ele a castigasse por fazer algo perigoso. Ele se tornou duro (ele dizia "direto") na forma como falava com ela e com os outros. No início, isso me irritava, mas depois comecei a ver o seu comportamento pelo que era — ele estava com medo. Meu pai sempre tinha sido um tipo de pessoa que assumia o fardo, mas agora não conseguia consertar o que havia de errado com a minha mãe. Ele não conseguia resolver o problema, e isso o deixava louco. Por isso, fiz o que não queria fazer: confrontei-o. Desafiei-o a renunciar ao controle e a permitir que Deus gerisse o bem-estar da minha mãe. Encorajei-o a desfrutar do seu tempo com ela. Sim, estava preocupado com a possibilidade de me tornar uma vítima da sua raiva, mas ele fez o imprevisto: ele me ouviu. Mesmo assim, foi só no dia após o seu funeral que descobri o quanto ele tinha me ouvido.

Quando o visitei no Dia de Ação de Graças, reparei em uma citação que ele tinha datilografado e colado na geladeira (acho que ele não sabia nada sobre ímãs). Infelizmente, naquele momento, só li a primeira linha: "Aquiete-se e saiba que eu sou Deus". Gostaria agora de ter tido tempo para ler tudo enquanto ele ainda estava bem. Gostaria de ter podido dizer-lhe o quanto tinha orgulho dele. Queria tê-lo lido antes de ter falado no seu funeral, para poder contá-lo à multidão reunida para lhe prestar homenagem.

A citação grosseiramente datilografada (ele escrevia sempre em maiúsculas) era de uma blogueira chamada Sheila Walsh. Nunca tinha ouvido falar dela, mas mandei-lhe um e-mail para agradecer. Suas palavras mudaram a vida do meu pai.

"Aquiete-se e saiba que eu sou Deus. A raiz hebraica de 'aquiete-se' não significa 'cale-se'; significa 'solte'. Isso é muito diferente, não acha? Solte e saiba que eu sou Deus! Abra mão de sua tentativa de controlar seu cônjuge! Solte suas preocupações financeiras! Abra mão de sua resistência a perdoar! Solte seu passado! Abra mão daquilo que não pode controlar — e descanse no conhecimento de que Deus está no controle."

E ali estava — tudo que eu sempre quis saber sobre o coração do meu pai e, ao que parece, o seu coração era tudo que sempre queria que fosse. [...] Eu não sabia com certeza se ele tinha me ouvido no verão passado, mas, na sua geladeira, à vista de todos, estava todo o encorajamento que alguma vez eu poderia desejar. Ele tinha me escutado — mais especificamente, ele tinha escutado a Deus. [...]
Vislumbrei isso ao longo dos últimos vinte anos, mas a citação de Sheila Walsh me confortará pelo resto da minha vida, porque o meu pai tinha se apropriado dela. Deus tinha falado com ele e ele tinha escutado.[36]

Que presente para um filho. Adoro o fato de Gordon acreditar que eu era uma blogueira e adoro o fato de ele nunca ter ouvido falar de mim. Ele era apenas um homem bondoso que queria que uma estranha soubesse que ela tinha tocado a vida do seu pai. Mais do que isso, adoro o fato de Deus ter-lhe permitido ver que o seu pai o tinha escutado e que o seu pai tinha escutado Deus. Nem sempre temos esses momentos na vida, mas, quando os temos, eles são muito doces. Finalmente, ele pôde ver que o seu pai tinha encontrado a graça de soltar e de ser amparado. Às vezes, essa graça nos alcança no último minuto.

FINALMENTE AMPARADA

Não sabemos muito sobre ele. Nem sequer sabemos seu nome. Não sabemos nem por que ele estava prestes a ser executado. Algumas traduções o chamam de "ladrão"; outras, de revolucionário. O que quer que ele tivesse feito, sabia que sua vida tinha acabado. Imagino-o dormindo pouco na noite anterior, tendo ciência do que o esperava de manhã. A crucificação é uma forma bárbara de morrer. Muitos de nós usam pequenas cruzes penduradas

---

[36] DASHER, G. "I Had Unfinished Business with My Dad. Then I Found His Message From Beyond the Grave". *Al and Lisa Robertson* (blog). 13 de janeiro de 2021. Disponível em: https://alandlisarobertson.com/i-had-unfinished-business-with-my-dad-then-i-found-his-message-from-beyond-the-grave/. Usado com permissão.

no pescoço. Eu tenho uma. Mas, para as pessoas no mundo antigo, isso seria tão impensável quanto seria impensável para nós usar uma pequena cadeira elétrica pendurada no pescoço. Era a forma mais dolorosa, cheia de vergonha e pública de morrer. Este é o relato da história de Mateus.

> Dois ladrões foram crucificados com ele, um à sua direita e outro à sua esquerda. Os que passavam lançavam-lhe insultos, balançando a cabeça e dizendo: "Você que destrói o templo e o reedifica em três dias, salve-se! Desça da cruz, se é Filho de Deus!" (Mateus 27:38-40).

A agonia de uma execução pública. Insultos eram lançados contra Jesus, mas era uma multidão enfurecida naquele dia e ambos os revolucionários estavam pendurados com ele em uma dor terrível. No relato de Marcos e de João, tudo o que lemos sobre esses dois homens é que eles estavam lá, um de cada lado de Cristo. É Lucas que nos deixa participar de um momento de graça, de última hora.

> Um dos criminosos que ali estavam dependurados lançava-lhe insultos: "Você não é o Cristo? Salve-se a si mesmo e a nós!" Mas o outro criminoso o repreendeu, dizendo: "Você não teme a Deus, nem estando sob a mesma sentença? Nós estamos sendo punidos com justiça, porque estamos recebendo o que os nossos atos merecem. Mas este homem não cometeu nenhum mal". Então ele disse: "Jesus, lembra-te de mim quando entrares no teu Reino". Jesus lhe respondeu: "Eu lhe garanto: Hoje você estará comigo no paraíso" (Lucas 23:39-43).

Um desses dois homens ainda estava se agarrando à sua amargura, à sua dor, à sua raiva. Mesmo nos seus momentos finais, ele se recusou a soltar o que o rasgava por dentro. Mas o que aconteceu com o outro homem? O que ele viu em Jesus no meio da violência, da dor e do barulho? Ele deve ter ouvido as coisas que Jesus falou na cruz. Perante uma multidão impiedosa, ele o ouviu dizer: "Pai, perdoa-lhes, porque não sabem o que estão fazendo" (Lucas 23:34).

O que quer que lhe tenha acontecido naquele dia, seus olhos se abriram e, de repente, ele percebeu que estava sendo executado ao lado do único homem na terra que podia salvá-lo não da morte que encarava, mas para toda a eternidade. Consegue imaginar como deve ter sido essa percepção? Reflita sobre isso. Você arruinou a sua vida. Você fez má escolha após má escolha e foi pega. Não há nada que possa fazer para se salvar. Sua vida acabou e, de repente, você vira a cabeça e olha nos olhos do Filho de Deus, que está morrendo ao seu lado. Quando ele pediu a Jesus para que se lembrasse dele quando entrasse no seu reino, o homem não fazia ideia da rapidez com que isso aconteceria.

Os teólogos discutem a posição da palavra "hoje" no texto: seria "Eu lhe garanto hoje: você estará comigo no paraíso" ou "Eu lhe garanto: hoje você estará comigo no paraíso"? No que diz respeito a mim, não me importa nem um pouco. Esse homem, sem tempo para viver uma boa vida ou para se redimir, invocou o nome do Senhor e foi salvo!

Nunca é tarde demais para virar a cabeça, olhar nos olhos de Jesus e ser salvo.

Deus é um redentor.

AQUELE QUE ESTÁ SEGURANDO TODAS AS SUAS PEÇAS

Lembro-me de colher maçãs com os meus amigos quando tinha cerca de dez anos. Eu era uma boa em subir em árvores, por isso era eu que subia nas macieiras e jogava as maçãs para meus amigos apanharem. Vi algumas maçãs perfeitas em um galho um pouco mais longe do que tinha ido antes, mas elas pareciam tão gostosas que decidi ir em frente. À medida que me puxava ao longo do galho, este começou a rachar e percebi que eu ia cair. Uma das minhas amigas me disse que eu devia me soltar e que ela me pegaria. Por mais que eu a amasse, ela só pesava uns 32 quilos. "Há mais alguém aí embaixo?", gritei, e Garry, um dos amigos do meu irmão, foi socorrer.

Quando lhe dizem que você deve soltar, você precisa saber que aquele que diz isso conseguirá ampará-la. Você só se soltará se tiver certeza total de que será amparada. Quero que saiba que, quando Deus a convida a se soltar, você pode ter a certeza de que será amparada.

Warren Wiersbe escreveu: "O lugar mais seguro no mundo inteiro está na vontade de Deus e a proteção mais segura no mundo inteiro é o nome de Deus. Quando você conhece o nome dEle, você conhece a sua natureza".[37]

Falamos de muitas coisas neste livro: coisas que nos fazem cair de joelhos, coisas que nos fariam querer deixar ir. Olhamos para algumas das formas como somos amparadas, mas não queria terminar este livro sem lhe ajudar a obter uma nova visão da grandeza de Deus, nosso Pai, e do nosso Salvador, Jesus Cristo. Até chegarmos em casa, ainda haverá mistérios e perguntas sem resposta, mas Ele nos revelou muito através dos seus nomes. Como escreveu Wiersbe, *quando você conhece o nome dEle, conhece sua natureza.*

O salmo 23 tem sido um dos meus favoritos desde a minha infância. Alguns acreditam que Davi o escreveu quando era apenas um jovem pastor, mas há uma sabedoria nele e uma sensação de ter vivido o suficiente para saber como a vida pode ser difícil, e isso me leva a acreditar que Davi o escreveu mais tarde na vida. Já li a Palavra de Deus vezes sem conta, e o que me espanta é que sei que mal comecei a sondar as profundezas da sua riqueza e de seu mistério. Dentro desse salmo tão amado, descobri algo que nunca tinha visto antes. Você sabia que pelo menos dez dos nomes de Deus estão escondidos só nesse salmo? Vejamos alguns desses nomes, porque quero que você saiba nos braços de quem está caindo. Ele é

> o seu Pastor
> o seu Provedor
> a sua Paz
> o seu Curador
> a sua Justiça
> a sua Ajuda
> a sua Vitória
> o seu Santificador

---

37 WIERSBE, W. W. "Safest Protection in the World". *Christian Articles*. Disponível em: http://articles .ochristian .com /article10227.shtml. Acesso em: 23 mar. 2021.

a sua Porção
a sua Herança[38]

Não importa o que esteja acontecendo na sua vida neste momento, você está sendo amparada nos braços dAquele que é tudo o que você precisa.

1. Jeová-Raá (o Senhor é o meu pastor). "O Senhor é o meu pastor" (v. 1). Este é um dos nomes mais poderosos e pessoais de Deus. É um dos meus favoritos, porque é terno e amoroso. Os pastores em Israel adoravam as suas ovelhas. Davam nome a cada uma delas. Todos os dias, o pastor ia à frente do seu rebanho para se certificar de que o caminho era seguro, de que não havia perigo à frente. À noite, ele contava cada uma delas quando entravam no curral, para garantir que nenhuma estivesse faltando. Quando todas elas estavam reunidas, ele dormia na frente da abertura. A mensagem era clara: "Se quiserem chegar às ovelhas, terão que passar por mim!". Cristo é assim com cada um de nós. Ele conhece o seu nome e vigia você de dia e de noite.

2. Jeová-Jiré (o Senhor é o meu provedor). "de nada terei falta" (v. 1). A primeira vez que esse nome é usado para Deus é em Gênesis 22. É uma das histórias mais difíceis para um pai. Abraão e Sara tinham ansiado um filho por muitos anos. Parecia impossível, mas Deus interveio. Sara tinha noventa anos quando deu à luz seu filho prometido, Isaque. Então Deus pediu a Abraão que sacrificasse Isaque. Você consegue imaginar como deve ter sido doloroso? Não sabemos que idade Isaque tinha naquele momento, mas estudiosos bíblicos de confiança concordam que ele não era mais um adolescente; deveria ter entre vinte e trinta anos. Ele tinha que ser suficientemente forte para carregar a quantidade certa de lenha para subir uma montanha e consumir completamente um corpo humano. Abraão, pela fé, confiava em Deus. Ele estava sendo testado para ver se confiava verdadeiramente na promessa de Deus de que, através

---

38 ABBOTT, S. "The Names of Jehovah Hidden in Psalm 23! This Will Surprise You!". *Reasons for Hope Jesus*, 20 de abril de 2016. Disponível em: https://reasonsforhopejesus.com/names-jehovah-hidden-psalm-23/. Acesso em: 20 jun. 2022.

desse jovem, os descendentes de Abraão seriam tão numerosos quanto as estrelas no céu. Como Abraão estava prestes a cravar a faca no peito do seu filho, Deus o impediu. Então Abraão viu um carneiro cujos chifres estavam presos na mata, e o carneiro tornou-se o sacrifício. Lemos em Gênesis 22:14: "Abraão deu àquele lugar o nome de [Jeová-Jiré:] "O Senhor proverá".

Isso foi um prenúncio da verdade de que, assim como o carneiro tomou o lugar de Isaque, Cristo seria o Cordeiro fornecido como o sacrifício perfeito para nós.

3. Jeová-Shalom (o Senhor é a minha paz). "Em verdes pastagens me faz repousar" (v. 2).
A primeira vez que esse nome aparece na Bíblia é em Juízes 6. O anjo do Senhor apareceu a um jovem chamado Gideão e lhe disse que seria ele quem libertaria o seu povo dos seus inimigos. Gideão ficou aterrorizado e pediu um sinal de que o mensageiro era realmente de Deus. Pediu ao anjo (não percebendo que essa era realmente uma aparição de Cristo no Antigo Testamento) que esperasse até que ele pudesse voltar com uma refeição (não uma pizza, lembre-se: um bode inteiro!). Quando Cristo tocou a refeição com a ponta do seu cajado, o fogo consumiu tudo e Ele desapareceu. Quando Gideão percebeu que tinha falado com o anjo do Senhor, ele tinha certeza de que morreria, mas o Senhor lhe disse que isso não iria acontecer. Então Gideão construiu um altar e lhe deu o nome de Jeová-Shalom — o Senhor é a paz. A presença de Cristo foi paz para Gideão naquele dia e hoje ele lhe oferece essa mesma paz.

4. Jeová-Rafá (o Senhor é o meu curador). "restaura-me o vigor" (v. 3).
Rafá significa "O Senhor é o meu curador, tanto física como espiritualmente". O que me fascina nesse nome é que, ao contrário de Jeová-Jiré ou Jeová-Shalom, que são nomes dados a Deus, nesse caso foi o próprio Deus que revelou esse nome aos filhos de Israel. Ele lhes disse que Ele é Jeová-Rafá depois de terem atravessado o Mar Vermelho.

Eu sou o Senhor que os cura (Êxodo 15:26).

Na cruz, essa cura foi aperfeiçoada.

> Mas ele foi transpassado por causa das nossas transgressões, foi esmagado por causa de nossas iniquidades; o castigo que nos trouxe paz estava sobre ele, e pelas suas feridas fomos curados (Isaías 53:5).

5. Jeová-Tsidkenu (o Senhor é a nossa justiça). "Guia-me nas veredas da justiça por amor do seu nome" (v. 3).
O profeta Jeremias, na expectativa do dia em que Jesus, o nosso Messias, viria salvar o Seu povo, escreveu:

> Naqueles dias e naquela época farei brotar um Renovo justo da linhagem de Davi; ele fará o que é justo e certo na terra. Naqueles dias Judá será salva e Jerusalém viverá em segurança, e este é o nome pelo qual ela será chamada: O Senhor é a Nossa Justiça (33:15–16).

Não importa o que tenha feito, não importa quantas vezes tenha falhado ou caído, quando Cristo é o seu Salvador, só Ele é a sua justiça. Ele o tornou justo perante Deus.

6. Jeová-Ezer (o Senhor é a minha ajuda). "a tua vara e o teu cajado me protegem" (v. 4).

> Nossa esperança está no Senhor;
> ele é o nosso auxílio [Ezer] e a nossa proteção (Salmos 33:20).

Adoro como Charles Spurgeon desdobra isso:

> Os homens podem vir em nosso auxílio, mas viajam lentamente, rastejam ao longo da terra. O nosso Deus vem cavalgando sobre os céus. Aqueles que viajam por terra podem ser impedidos por inimigos, certamente serão impedidos; mas aquele que cavalga sobre os céus não pode ser impedido nem atrasado. Quando a excelência de Jeová vem voando sobre o céu nas asas do vento, quão gloriosamente se exibe a rapidez, a certeza e a onipotência

de trazer graça. Deus tem maneiras de nos ajudar com as quais nem sonhamos.[39]

7. Jeová-Nissi (o Senhor é o meu padrão de vitória). "Preparas um banquete para mim à vista dos meus inimigos" (v. 5).
O significado completo desse nome pode ser difícil de compreender. É evidente que não estamos falando de um bufê "sirva-se à vontade", rodeados de inimigos. Então o que significa? Em Êxodo 17:15, lemos: "Moisés construiu um altar e chamou-lhe [Jeová-Nissi:] 'o Senhor é a minha bandeira')". Moisés, Josué e os filhos de Israel estavam em uma batalha feroz com uma tribo hostil do deserto. Estavam constantemente atravessando terras em que não eram bem-vindos e tiveram que lutar pela sua sobrevivência.

> Moisés, Arão e Hur, porém, subiram ao alto da colina. Enquanto Moisés mantinha as mãos erguidas, os israelitas venciam; quando, porém, as abaixava, os amalequitas venciam. Quando as mãos de Moisés já estavam cansadas, eles pegaram uma pedra e a colocaram debaixo dele, para que nela se assentasse. Arão e Hur mantinham erguidas as mãos de Moisés, um de cada lado, de modo que as mãos permaneceram firmes até o pôr-do-sol. E Josué derrotou o exército amalequita ao fio da espada (Êxodo 17:10–13).

Lembrar como Deus nos libertou no passado é um exercício espiritual maravilhoso. Talvez você queira procurar uma pequena pedra e escrever nela uma palavra ou uma data que a lembre de que Deus o libertou uma vez e que Ele pode fazê-lo novamente.

8. Jeová-Makadesh (o Senhor que me santifica). "unges a minha cabeça com óleo" (v. 5).
No Antigo Testamento, os filhos de Israel tinham 613 leis que deviam observar para ser santos aos olhos de Deus. Havia 365 proibições e 248 ordens.

---

39 SPURGEON, C. H. "Israel's God and God's Israel". Transcrição do sermão n. 803, *Metropolitan Tabernacle*, Newington, London, 29 de março de 1868. p. 4.

> Consagrem-se, porém, e sejam santos, porque eu sou o Senhor, o Deus de vocês. Obedeçam aos meus decretos e pratiquem-nos. Eu sou o Senhor que os santifica (Levítico 20:7-8).

Você consegue imaginar o fardo de acordar todas as manhãs com 613 leis a observar? Mas, para nós, é Cristo que nos santifica.

> Mas agora ele os reconciliou pelo corpo físico de Cristo, mediante a morte, para apresentá-los diante dele santos, inculpáveis e livres de qualquer acusação (Colossenses 1:22).

Não somos salvas confiando em nossa própria bondade ou santidade. Somos salvas confiando na bondade e santidade dEle.

9. Jeová-Maná (o Senhor é a minha porção). "faz transbordar o meu cálice" (v. 5).
Incansavelmente, os autores dos salmos repetem: "O Senhor é a minha porção". Em Salmos 73:25-26, lemos:

> A quem tenho nos céus senão a ti? E na terra, nada mais desejo além de estar junto a ti.
> O meu corpo e o meu coração poderão fraquejar, mas Deus é a força do meu coração e a minha herança para sempre.

Quero viver assim. Quero viver com devoção total a Cristo, imergindo minha vida na verdade de sua Palavra. Sempre que você sentir que algo lhe falta hoje, lembre-se de que o Senhor é a sua porção.

10. Jeová-Cheleque (o Senhor é a minha herança). "Sei que a bondade e a fidelidade me acompanharão todos os dias da minha vida e voltarei à casa do Senhor enquanto eu viver" (v. 6).
Encontramos esse nome de Deus em Deuteronômio 18:2. Quando a terra que Deus deu ao seu povo foi dividida entre as tribos de Israel, a única tribo que não recebeu terra nenhuma foi a dos levitas. Eles lideravam a adoração e foi isso que Deus disse sobre eles:

> Não terão herança alguma entre os seus compatriotas; o Senhor é a sua herança, conforme lhes prometeu.

Amo isso. Que presente para aqueles que lideravam em adoração! Agora, esse presente é para todos que confiam em Cristo. O próprio Senhor é a nossa herança.

> Oro também para que os olhos do coração de vocês sejam iluminados, a fim de que vocês conheçam a esperança para a qual ele os chamou, as riquezas da gloriosa herança dele nos santos e a incomparável grandeza do seu poder para conosco, os que cremos, conforme a atuação da sua poderosa força (Efésios 1:18-19).

Sei que a vida pode ser muito difícil com tantas perguntas não respondidas, mas nunca estamos sós nem abandonadas. Nosso Deus é um resgatador, um libertador, um Pastor bondoso. Podemos soltar, porque somos amparadas. No início deste capítulo lemos uma passagem de 2 Samuel.

O Senhor tornou minha vida completa quando depositei todas as peças diante dEle.

É o grito de louvor de Davi àquele que o amparou e que amparou também todas as peças de sua história.

> Ele me pôs em lugar espaçoso; fui posto a salvo, graças a seu amor. O Eterno me recompensou por tudo que fiz quando me apresentei diante dele (22:20-21, *A Mensagem*).

Você fará isso? Você depositará todas as peças quebradas diante dEle e permitirá que Ele faça o que só Ele pode fazer? Algumas peças Ele colocará de volta em seu lugar, e de outras — como o meu anel — você não precisará mais.

Agarrando-se à Esperança

1. Em lugares difíceis e em situações aparentemente sem esperança, podemos dizer: "Isso parece impossível, exceto para Deus".

2. As peças que faltam na sua história estão nas mãos mais seguras de todas: as de Jesus.

3. É seguro soltar: ele está amparando você.

*Deus Pai,
Obrigada por amparar todas as peças
da minha história e por me amparar.
Amém.*

Conclusão

Coisas perdidas podem aparecer quando menos esperamos. Pouco tempo atrás, encontrei a peça que faltava de um quebra-cabeças de leão que recebi no Natal dois anos atrás. Estava no fundo do cesto de brinquedos do meu cão. Lembro-me de ter revirado a casa inteira à procura dela, pois não era apenas a última peça, mas uma peça-chave. Não a encontramos, e um leão ficou sem metade de um olho. Agora, a peça já não valia mais muita coisa, pois tinha sido mastigada e havia mudado de forma, de modo que não se encaixava mais em seu lugar. Mas descobri que isso não é verdade quando Deus põe uma peça que faltava em seu lugar. Não importa há quanto tempo estava sumida, ela se encaixa perfeitamente.

Havia muito, muito tempo faltava uma peça no meu coração e nunca pensei que a recuperaria, certamente não nesta terra. Não era algo que eu tivesse confiado a ninguém, nem mesmo ao Barry. Era doloroso demais, mas, no tempo perfeito de Deus, Ele a devolveu. Tinha sido sempre um peso para mim que o meu pai tivesse sido enterrado em uma sepultura não identificada na pequena cidade da Escócia onde nasceu.

As circunstâncias da sua morte eram consideradas vergonhosas naquele tempo. Ele deixou de ser um respeitado diácono da pequena igreja que frequentávamos como família para se internar em um asilo e morreu afogado em um rio. Após a sua morte, deixamos essa cidade para nunca mais voltarmos. Várias vezes ao longo dos anos tentei encontrar o local não marcado onde ele foi enterrado, mas não consegui. Fiz as pazes com essa dor, até enterrarmos a minha mãe. Ela foi enterrada em um belo cemitério ao lado da mãe e do pai dela. Voei até a casa dos meus pais para o funeral dela e fiquei alguns dias a fim de ajudar a minha irmã a separar as coisas da minha mãe. Depois voei de volta para Dallas. Várias semanas depois, minha irmã me enviou uma fotografia da lápide. Era adorável. Li os nomes:

> Em memória amorosa de
> Alexander Nicol,
> sua esposa, Margaret,
> e sua filha, Elizabeth Walsh.
> Pais e avós muito queridos.
> Em paz com o Senhor.

Era uma lápide linda, mas tudo dentro de mim gritava: "Onde está o meu pai?". Eu sabia que ele estava em casa, a salvo com o Senhor, mas parecia que a sua memória tinha sido apagada desta terra. Escrevi o seu nome na minha Bíblia e deixei a minha dor no coração com o Senhor. Minha irmã, meu irmão e eu não falamos sobre meu pai; os acontecimentos da nossa infância são muito dolorosos. Mesmo quando voltei para casa duas vezes para tentar encontrar a sua sepultura, eu não lhes contei. Fui sozinha.

Os anos tinham passado, mas Deus estava trabalhando nos bastidores. Deus está sempre trabalhando.

Há dois anos, minha irmã estava conosco enquanto o meu cunhado estava fora jogando golfe com amigos. Uma noite, ela me fez uma pergunta. Perguntou-me se havia alguma coisa que ela pudesse fazer por mim. Eu hesitei por um momento. Não queria perturbá-la. Finalmente, eu disse: "Você acha que pode me ajudar a descobrir onde o pai está enterrado?".

Ela disse: "Sheila, eu sei onde ele está enterrado. Eu tenho os documentos".

É difícil pôr em palavras o que significou encontrá-lo ou a pura alegria que senti quando a minha irmã, o meu irmão e eu erguemos uma lápide em sua memória.

> Em memória amorosa de
> Frances McGrady Walsh,
> marido muito amado de Elizabeth Walsh
> e pai de Frances, Sheila e Stephen.

CONCLUSÃO

Não sei quais são as peças que faltam na sua história. Não conheço as circunstâncias em que você está neste momento nem por que você se sente como se estivesse se agarrando ao último fio de esperança. Mas eu sei disto:

>Você não está sozinha.
>Você não está abandonada.
>Você está sendo vista.
>Você é amada.
>Alguém acredita em você.
>Você foi perdoada.
>Você é livre.

Apegue-se a Jesus com tudo que há em você, e, nos dias em que achar que está cometendo um deslize, lembre-se de que você está sendo amparada. Deus deu a Moisés uma bênção para o seu irmão Arão, para orar sobre o povo de Deus. Quero orar por você:

>O Senhor te abençoe e te guarde;
>o Senhor faça resplandecer o seu rosto sobre ti e te conceda graça;
>o Senhor volte para ti o seu rosto e te dê paz (Números 6:24–26).

Agradecimentos

Em primeiro lugar, obrigada a toda a família Baker Publishing. Dwight Baker, você e a sua equipe continuam a defender a rica herança do compromisso de Baker de construir o corpo de Cristo através de livros. É uma honra publicar com vocês.

Obrigada à minha maravilhosa editora, Rebekah Guzman, e a toda a equipe editorial. Sou grata pela sua visão e pelo seu trabalho árduo e criativo. O ano de 2020 foi um ano difícil para escrever um livro, mas pela graça de Deus conseguimos fazê-lo!

Obrigada a Mark Rice e à Eileen Hanson. Adoro trabalhar de perto com ambos; quando vocês voam para Dallas para jantar, é ainda melhor. Fazem-me rir e fazem-me pensar, e são tão bons no que fazem!

Obrigada a Dave Lewis e à fantástica equipe de vendas da Baker. Vocês têm o dom de entender a essência de uma mensagem e de defendê-la.

Obrigada à Brianna DeWitt e à Olivia Peitsch. Vocês estão sempre à procura de novas formas de divulgar a mensagem. Sou muito grata a vocês.

Obrigada à Laura Palma e à Patti Brinks, pela sua direção artística atenciosa e criativa, além de sua paciência infinita comigo. É um prazer trabalhar com vocês.

Obrigada a Brandon Hill. Não sou uma grande fã de tirar fotos minhas, mas você transformou isso em pura alegria.

Obrigada à minha incrível agente literária, Shannon Marven. Shannon, você é uma das pessoas mais talentosas que conheço. Você lidera com graça, compaixão e visão. Obrigada à Rebecca Silensky e à toda a equipe da Dupree Miller.

Obrigada a Caleb Peavy e à Unmutable. Sou grata pela sua criatividade e pelo nível de excelência que trazem a cada projeto.

Obrigada a James e à Betty Robison pela alegria de estar ao seu lado para compartilhar, através de *Life Today* e de *Life Outreach International*, o amor de Deus com um mundo dividido.

Quero agradecer aos meus cachorrinhos, Tink e Maggie, por se sentarem pacientemente aos meus pés, mês após mês, enquanto escrevia, e pela lambidela ocasional tão necessária.

Ao meu marido, Barry, os meus agradecimentos parecem inadequados para expressar a minha gratidão pela quantidade de tempo e energia criativa que você dedicou a este livro. Caminhou e orou comigo a cada passo, lendo capítulos em voz alta até a meia-noite, preparando incontáveis xícaras de chá. Eu amo você e agradeço a Deus por sua vida todos os dias.

Ao meu filho, Christian. Os seus telefonemas e textos para me animar significaram muito! Adoro ser a sua mãe.

Finalmente, Àquele para quem nunca encontrarei palavras suficientes para agradecer. A Deus, meu Pai, por me amar; a Cristo, meu Salvador, por dar a sua vida por mim, e ao Espírito Santo, pelo conforto e pela orientação. Sou tua, para sempre.

Este livro foi impresso pela Lisgrafica para a Thomas Nelson Brasil em 2022.
O papel do miolo é pólen natural 80 g/m² e o da capa é cartão 250 g/m².